爱ta更要懂ta

做慧眼识娃的智慧父母

刘 艳◎著

中国铁道出版社有限公司
CHINA RAILWAY PUBLISHING HOUSE CO., LTD.

图书在版编目（CIP）数据

爱 ta 更要懂 ta：做慧眼识娃的智慧父母 / 刘艳著.
北京：中国铁道出版社有限公司，2025. 1.（2025. 4 重印）
ISBN 978-7-113-31869-7

Ⅰ. G78

中国国家版本馆 CIP 数据核字第 2024X6D788 号

书　　名：爱 ta 更要懂 ta——做慧眼识娃的智慧父母
AI TA GENG YAO DONG TA: ZUO HUIYAN SHI WA DE ZHIHUI FUMU

作　　者：刘　艳

责任编辑：马慧君　**编辑部电话**：（010）51873005　**电子邮箱**：zzmhj1030@163.com
封面设计：宿　萌
责任校对：安海燕
责任印制：赵星辰

出版发行：中国铁道出版社有限公司（100054，北京市西城区右安门西街 8 号）
网　　址：https://www.tdpress.com
印　　刷：北京联兴盛业印刷股份有限公司
版　　次：2025 年 1 月第 1 版　2025 年 4 月第 2 次印刷
开　　本：880 mm × 1 230 mm 1/32　**印张**：6.25　**字数**：130 千
书　　号：ISBN 978-7-113-31869-7
定　　价：68.00 元

谨以此书献给我们挚爱的孩子，
因为他们，我们有幸成为父母。
对孩子的爱，赋予了我们力量，
得以唤醒自己，成为更好的自己。

这本书的愿景是，
让每一位父母爱孩子，更要懂孩子。
让每个孩子的成长始终根植于真正的自我，
懂与爱同时发生，彼此照亮。

前言

我是一个男孩的妈妈，作为一位母亲，我深知爱子之情深如海，但爱他，更要懂他。在陪伴孩子成长的岁月里，我深刻体会到，每一个孩子都是独一无二的宝藏。他们各自闪耀着不同的光芒，拥有与众不同的潜力和特质。

在这本书中，想与你分享我作为一位妈妈和教育工作者的经验与洞见。我与不同类型的父母及孩子共同走过的路，充满了欢笑与泪水，更有着不断尝试、不断成长的勇气与决心。这一路上，我深切体会了孩子不同成长阶段的不同表现，甚至有些时候会因为他的“不听话”而烦恼。我清晰记得儿子青春期热衷电子游戏，与爸爸多次争执。幸好我从事这一行业，知道孩子的特质，了解孩子热衷游戏背后的心理诉求，用科学的方法顺利陪伴孩子度过了青春期。我们也许是3岁孩子的好父母，但不一定是13岁孩子的好父母。我见证了孩子因误解和误判而走的弯路，也看到了家长因不懂孩子而错失教育良机。正因如此，我深感必须写下这本书，让更多的家长爱孩子的同时，更要看懂他们的特质、洞察他们的内心、发掘他们的潜能，引导他们以最适合自己的方式成长。

这本书不仅是我多年教育心得的结晶，更是我对孩子深深爱意的体现。它融合了很多教育理念，既承载着优秀传统文化的深邃智慧，又吸收了现代教育的有益方法。唯愿每一位家长，都能成为孩子人生航程中的明亮灯塔，不仅为他们照亮前行的道路，更能在风雨中为他们提供温暖的港湾。愿每一个孩子，都能在家长的理解与支持下，如同璀璨的星辰，在广袤的夜空中熠熠生辉，绽放出最耀眼的光芒。

当你选择翻开这本书的那一刻，我对你所做出的这个决定深表敬意。身为父母的我们，深知在日常生活中，想要抽出时间阅读一本关于智慧育娃的书籍并不是一件容易的事。而你，不仅下定决心研读一本关于爱与陪伴、因材施教、科学养育的书籍，还进一步开始探索与这本书相关的知识。这样的用心与决心，让我由衷为之祝福。

或许你正身处忙碌之中，肩负着诸多责任，但你仍然希望看懂孩子，建立与孩子心灵的连接，助力孩子成人成才。你可能是一个人在探索这本书的奥秘，也可能与你的伴侣、同事和朋友一同研读，甚至可能尚未为人父母，但渴望增进对那些你关心的孩子的理解，希望与他们构建更紧密的关系。又或者，你是一位家庭教育从业者，希望通过这本书为你的学生和身边人带来更多的启示。

现在，我诚挚地邀请你，携手共赴这场充满智慧与温情的探索之旅。让我们共同聆听孩子内心深处的声音，感受他们纯真的梦想和渴望。在这本书中，你会发现一把神奇的钥匙，它不仅能打开你与孩子沟通的大门，更将引领你走进一个充满爱与智慧的教育“心世界”，让你在教育的道路上更加从容与智慧。

刘　艳

2024 年 11 月

（注：本书中的“ta”是“他 / 她”的缩写，用于指代不确定的性别。）

目录

第1章 心智养育，热爱驱动

01 时代的召唤

“少年智则国智，少年富则国富，少年强则国强……”一篇铿锵的《少年中国说》激励着一代又一代的中华少年昂首奋进，阔步向前。少年是国家的未来，是民族的希望！

“百年大计，教育为本。”伴随着社会经济的飞速发展，社会各界对青少年的教育发展问题空前关注。

2021 年 10 月，第十三届全国人民代表大会常务委员会第三十一次会议通过了《中华人民共和国家庭教育促进法》，这是我国首次就家庭教育进行专门立法。

《中华人民共和国家庭教育促进法》第十四条第一款：父母或者其他监护人应当树立家庭是第一个课堂、家长是第一任老师的责任意识，承担对未成年人实施家庭教育的主体责任，用正确的思想、方法和行为教育未成年人养成良好思想、品行和习惯。

作为家长，不仅要关注孩子的身体健康，更要关注孩子的心理健康。

在近十年的家庭教育生涯中，在现实社会里，实实在在见到了不少家庭教育问题。经过近十年的研究发现，造成青少年出现学习困难、行为偏差等诸多问题的原因之一是，有些父母不了解自己的孩子。在陪伴孩子成人成才的过程中，只有爱是不够的。看懂孩子、因材施教、科学教养，考验着每位家长的智慧。我也是一位妈妈，这一路走来，我深知单靠自己的认知养育孩子是不够的，需要科学的工具和方法。智慧、科学、爱、信任、看见、陪伴……这一切都建立在看懂孩子，支持孩子表达自己，支持孩子成为他 / 她自己，而不是仅成为父母眼里的好孩子。

生于盛世，见证百年，深感吾辈重任在肩。为助力父母认识孩子，看懂孩子、科学教养、不断探索，我与团队历时近十年，深耕家庭教育领域，开发了 ATMR（A，appreciation，欣赏型；T，target，目标型；M，magnanimity，包容型；R，responsibility，责任型）慧识人测评工具和 ATMR 慧眼识娃的测评工具，帮助家长更深入了解孩子的天赋特点、优势。十年磨一剑，因爱与使命而来！爱孩子更懂孩子，开启每个孩子无限的未来。

02 热爱驱动才是教育的本质

在我接待的众多家长咨询中，或在家长的课堂上，频繁地感受到家长们内心深处所想所愿，这是个竞争激烈的时代。过去的一段岁月里，追求的是温饱、工作与生存；而今，这些基本需求已得到满足，我们更应追求的是积极、有价值的生命状态。

作为父母，有责任教会孩子热爱生活、热爱生命、认识自己，完善人格，拥有原动力与自驱力。这是重要也是最必要的课题。可能一些父母还没有意识到未来拼的是一个人的核心素养、心智健康：是否成为最好的自己，对这个世界是否抱有友好的态度，是否有一个热爱的事业，是否拥有持续的幸福、蓬勃的人生。

在此背景下，我强烈建议家长们至少关注以下两大方面：

首先，深入了解孩子的特长、天赋与优势。一些家长过于关注学校的标准，却忽视了孩子独特的才能与潜力。试想，若孩子并非某方面的料，只因他人推崇便强迫孩子走上这条路，这无疑是一种伤害。相反，若孩子热爱摄影，并在此领域展现出非凡的才华，那么这份工作本身就充满了意义和价值。因此，让孩子从事他们擅长的事情至关重要。一个人若能充分发挥自己的优势与特长，无论在哪个领域，都能创造出与众不同的成就。家长们应深入挖掘孩子的潜能，引导他们认识并发挥自己的特长。

其次，注重心智养育，唤醒孩子的内在驱动力。心智养育意味着时刻关注孩子的心力与智力提升，用科学的方式与孩子密切沟通与交流，给予他们足够的陪伴。在与线下超过一万名家长接触的过程中，我发现，有些父母的沟通大部分集中在讲道理，连夸孩子都难。有一次在课堂上，让家长夸夸孩子，就发现好多家长眉头紧锁，不知道怎么夸。为此我们特别开设了一门课，就是教会家长怎么和孩子好好说话：说有效果的话，说有艺术的话，说有情商的话，说孩子能够听得进去的话，说孩子能发生正向改变的话。再有就是家长对于孩子的高质量陪伴，这种陪伴不仅是物理上的共处，更是心理上的支持与激励。当孩子取得成功或感到快乐时，家长应允许他们享受这份喜悦。这种积极的反馈能够激发孩子的内在驱动力，使他们更加自觉、自愿地追求自己的目标。然而，有些家长在孩子高兴时却急于催促他们继续前行，剥夺了他们享受成功与快乐的机会。这种做法无疑会削弱孩子的内在驱动力。

当孩子需要安静的空间时，家长也应向后一步给孩子适当的独处空间。当孩子需要家长以身作则时，家长也应注重言传身教，以科学的方式激活孩子的自驱力。缺乏内在驱动力的人往往难以取得成功。正如爱因斯坦所说："兴趣是最好的老师。"

当孩子们对某件事情充满热情时，他们自然会投入更多的精力与时间，从而取得更好的成果。

以实际案例为证，我曾遇到一位家长，她的孩子对摄影充满了热情，但在学业上表现平平。这位家长明智地选择了支持孩子的摄影梦想。如今，这个孩子已成为一名备受瞩目的摄影艺术家，他的作品深受人们喜爱。这个案例告诉我们，了解孩子的特长与优势，并给予他们充分的支持与鼓励，是帮助孩子走向成功的重要途径。

如果起跑很早，却没有足够积极的心态，过得不开心、不幸福，那最后孩子就没有后劲儿了。所以一定要培养孩子的热爱驱动，战略性而不是仅按短暂、即时、现在的目标来判断。深入了解孩子本身，注重心智养育与内在驱动力的唤醒，才是帮助孩子走向成功、活出积极有价值的生命的关键。

03 好孩子是爱出来的

在当今这个快节奏的社会中，许多家长担心孩子的学习成绩，也在考虑孩子的行为习惯和未来。

然而，教育的本质是什么？是考试吗？是成绩吗？不，教育是一个人一生的发展过程，它关乎孩子的品格、能力、情感和社会性的全面发展。如果我们把孩子的成长简化为一场场考试，那么我们就失去了教育的真谛，也剥夺了孩子享受成长乐趣的机会。

孩子是一个独立的个体，有自己的思想、情感和成长逻辑。如果过度干涉，不仅会破坏他们的自主性，还会让他们失去成长的动力和乐趣。

那么，家长应该怎么做呢？答案其实很简单：信任孩子，给他们爱。信任是教育的基石，也是孩子成长的土壤。我们要相信一套正常的成长逻辑，相信他们能够按照自己的节奏和方式去成长。我们不能过度干涉，而应在他们需要的时候积极给予支持和帮助。

当然，信任并不意味放任自流。在孩子成长的过程中，他们可能会遇到困难和挫折，可能会表现出我们不满意的样子。这时候，我们需要的是信任、坚持、智慧以及科学的方法。我们要能包容孩子的不完美和试错，要坚定地相信他们有能力去克服和改正。我们的爱和支持，就是他们最坚强的后盾。而一些家长没有理解这一点，在孩子遇到问题的时候，没有更恰当合理地帮助孩子。

伟大的教育学和哲学都指向了一个共同的核心理念：信任人性。人性是愿意变好的、是有潜力的、是渴望成长的。我们要相信孩子有能力去创造美好的未来。这种信任，不仅是对孩子的信任，也是对我们自己的信任。我们相信自己的智慧养育和爱，能够引领孩子走向更加美好的未来。

正如陶行知先生所说："教育孩子的全部秘密在于相信孩子和解放孩子。"这句话深刻地揭示了教育的本质和真谛。我们要相信孩子具备无限的潜力和渴望成长的动力。我们的爱和支持，就是他们成长道路上最宝贵的财富。

04 以终为始，战略养娃

你是否经历过这样的日子？孩子的房间总是凌乱不堪，衣服随意摆放，作业又漏做了，或者压根就忘记做了，老师又来“投诉”，在那些漫长而又疲惫的日子里，你多么希望轻松一点、消停一点，在工作繁忙、压力大的日子，甚至有时会想，“只要老师不‘投诉’，不点名批评就好”。

然而，作为父母，大多时候你的期望远不止于此。你希望孩子能够充满活力，锐意进取，领导力展露，自带小马达，建立良好的人际关系，学业有成，并具备强烈的责任感……这正是以终为始“战略式养娃”理念的出发点。

我们先来做个小游戏，拿出一张纸，依次写出孩子在生活中带给你的挑战：成绩不稳定？顶嘴？拖延症？沉迷游戏？脾气太差？缺乏积极性？晚睡？同学关系差？……看起来全是问题，对吗？

现在呢，请你闭上眼睛，充分发挥你的想象，憧憬一下你穿越时光隧道来到了 20 年之后，你和孩子有了一次深入的面对面的谈话。此时你希望他具备什么样的品格和技能呢？写下刚刚出现在你脑海中的词汇，幸福、快乐、富足、乐观、沟通能力强，有主见、有思想、有领导力，成功……比起第一张纸上写的挑战，这张纸上写的是不是全都是美好与正向的词汇？

对比这两张纸上列的清单，你会发现，你面临的现实的挑战，其实有可能是通往未来品格与技能的必经之路。

正如陈澹然笔下所写："不谋全局者，不足谋一域。"以终为始的战略式养娃强调，我们需要以长远和战略的眼光来看待孩子的成长，将每一个日常挑战都视为塑造他们品质、培养他们心智潜能的宝贵机会。这不仅能够帮助孩子更好地应对未来的挑战，还能够让他们在日常生活中培养出未来必备的良好品质和优秀思维。这种教育方式不仅是为了孩子的当下，更是为了他们赢得未来打下坚实的基础。

以终为始战略式养娃的核心在于，爱孩子更要看懂孩子。这要求家长们进行认知的升级，实现家庭教育的科学化、先进化。我们需要深入了解孩子的内心世界，理解他们的需求和期望，从而为他们提供更有针对性的成长支持。这不仅需要家长的耐心和细心，更需要家长不断学习和进步，以更好地适应孩子成长的需要。

那么，如何将当下这些充满挑战的时刻转化为孩子成长的契机呢？

首先，你需要花点时间思考你希望孩子成为什么样的人，你期待他们成年后具备哪些品质。

接下来，审视你目前的教育方式。你是否有足够的时间和精力来有意识地培养孩子的这些品质？或许，你会担心自己与那些似乎无时无刻不在助力孩子成长的父母相比显得逊色。但事实是，那些让你感到挣扎和焦虑的时刻，正是教育孩子、帮助他们发展能力的宝贵机会。

你还要借助科学的工具看懂孩子，针对性因材施教，这也是第 3 章中所涉及的以爱为引导，以战略为眼光，择高而立、择远而行、择善而从。

05 让孩子成为他/她自己

非常惊喜地发现，近年来，越来越多的家长开始意识到家庭教育的重要性。家长们认识到，家庭教育不仅是学校教育的补充和延伸，更是塑造孩子性格、培养良好习惯和价值观的关键环节。因此，家长们开始在学习家庭教育上认知觉醒，积极寻求科学、有效的教育方法。他们明白，每个孩子都是独一无二的，具有不同的兴趣、特长和发展潜力。因此，在教育孩子时，家长们开始注重因材施教，尊重孩子的个性和兴趣，鼓励他们发挥所长，培养他们的自信心和创造力。家长们开始重视家庭环境的营造，他们意识到家庭氛围对孩子的成长至关重要，一个和谐、温馨、支持性的家庭环境能够让孩子感到安全和自信，有助于他们更好地学习和成长。因此，家长们开始努力营造这样的家庭环境，与孩子建立良好的亲子关系，进行有效沟通，共同解决问题。

此外，家长们还开始关注自身教育素质的提升，明白家庭教育不仅要求家长具备丰富的知识和技能，还需要掌握科学的教育方法和策略。

尽管家长们在家庭教育方面的认知觉醒值得肯定，但在实际操作中仍面临诸多挑战。在育娃的道路上，有的家长热衷对照育儿书籍中的儿童发展指导。参阅书籍虽然能够在一定程度上规避经验的局限性，但如果忽略孩子本身，家长就容易技术走形。

一些家长将孩子“跟自己比”“跟别人家的孩子比”“跟家里的其他孩子比”。这种比较往往容易导致家长对孩子的质疑：“为什么我做得到，你做不到？”“为什么他/她做得到，你做不到？”

由此可见，虽然与孩子朝夕相处，但是真正让家长们做到因材施教意义上的“识材”，并非易事。家长热衷“比较”，透露出一种竞争心态。无论是跟书中提供的成长数据比较，还是跟不同的人进行比较，都是家长希望孩子的表现更加优秀。

但诚如专家所言：“将每一个受教育者自身的潜能与品质发挥出来，就是要把‘像财富一样埋藏在每个人灵魂深处的所有才能都发挥出来’，使之成为一个卓越的人。”这种卓越品质并不是与他人相比较的，而是在孩子自身特质的基础上所发展出来的卓越品质。

换言之，因材施教的目的是让孩子成为真正的自己，而不是贴上所谓的“优秀标签”。当个别家长怀揣过度的竞争心态、比较心态，对于孩子的培养就可能逐渐脱离了孩子本身，更趋向于外在指标。应该如何认识自己的孩子呢？家长需要科学、全面、深刻地认识孩子究竟是“哪颗种子”。孩子天生有不同的特质类型，学习风格、沟通模式、情绪模式等都不尽相同。有的孩子学习效率很高，属于直觉型的孩子，一学就会，反应比较快，但是容易毛躁。有的孩子做事很慢，属于分析型的孩子，反应慢，但做事比较稳健，比较持续；有的孩子的优势是创新想象非常突出；有的孩子的优势是逻辑思考，计算推理比较擅长。如果你想了解自己的孩子是“哪颗种子”，本书会为你提供实效性的帮助。

第2章

家庭教育铺设孩子人生底色

01 养育孩子先养育自己

在成为父母的那一刻起，我们便踏上了一段既神圣又充满挑战的旅程。我们肩上承载着引领新生命走向独立与成熟的使命，然而，在这条漫长且未知的道路上，我们往往忽视了最为关键的一环——养育自己。

想象我们站在一片广袤无垠的田野上，手中握着的是一粒粒珍贵的种子。这些种子代表着我们的孩子，蕴含着无限的可能与希望。然而，若我们只关注播种与浇水，却忽略了肥沃土壤的准备，那么这些种子又怎能茁壮成长呢？这片土壤，便是我们自己——作为父母的心智与情感状态。

想象一下，如果我们被任命成为一家庞大企业的领导者，我们会倾尽心力去规划企业的未来：设定清晰的目标，制定周密的策略，每一步都力求准确无误。因为我们深知，企业的兴衰与我们的决策息息相关。那么，在养育孩子这项更为艰巨、更为深远的任务中，我们是否也投入了同样的精力与思考呢？我们是否曾静下心来，认真思考过自己作为父母的使命，明确过自己的养育理念，并在与孩子的日常互动中始终如一地践行这些理念？我们是否像管理企业那样，深思熟虑地制定了教养策略，以确保孩子的健康成长？

遗憾的是，很多时候，我们并未如此深入地思考过养育之道。我们没有系统地评估过哪些方法有效、哪些无效，更没有与家人达成一致的意见。我们甚至未曾仔细观察过自己的养育方式对孩子产生了何种影响，更谈不上根据实际情况适时调整与改变。我们是否真正倾听过孩子的心声，了解过他们的需求与愿望？当发现所用方法效果不佳时，我们是否愿意放下成见，勇于改变？

养育孩子的起点：养育自己

在深入探讨如何养育孩子之前，我们首先需要认识到一个基本事实：我们的孩子是我们自身的“镜像”。他们不仅继承了我们的基因，更在无形中受到了我们的情感模式、行为方式以及价值观的影响。因此，养育孩子的起点，实则是养育自己。

我们中的许多人，在成为父母之前，并未真正审视过自己的内心世界。我们的原生家庭、成长经历，以及那些深藏于心的过去与未了的心愿，都如同一条条无形的线，悄然影响着我们的育儿方式。我们可能在不自觉中，将自己的情感延续到孩子身上，将自己未满足的需求、未达成的期望、未实现的梦想传递给他们。这种代代相传的情感，如同一条无形的锁链。

对于父母而言，往往怀有戒备之心，不愿接受他人对自己育儿方式的评价。然而，要想成为智慧家长，我们首先需要觉醒自己的情感与需求。

这个过程可能充满挑战，但它是我们成长的必经之路。我们需要勇敢地面对自己，学会放下成见与固执，以开放的心态去接纳新的育儿理念与方法。我们需要不断地学习与实践，以提升自己的养育能力与智慧。

我们需要学会倾听孩子的心声与需求。孩子是我们最好的老师，他们如同镜子，映照出我们内心深处的情感与需求。我们需要放下自己的权威与面子，以平等的心态与孩子沟通和交流。我们需要尊重孩子的个性与差异，以包容的心态去接纳他们的优点与不足。

养育自己并非一朝一夕之事，需要我们在日常生活中不断地实践与努力。以下是一些具体的策略与方法，帮助我们更好地养育自己：

（1）自我反思与觉察

每天花一些时间进行自我反思与觉察，审视自己的情绪与行为。当我们有情绪时，尝试深入探究这些情绪背后的原因与需求。通过自我反思与觉察，我们可以更好地认识自己、理解自己，从而更好地控制自己的情绪与行为。

（2）学习与成长

不断地学习新的育儿知识与理念，提升自己的育儿能力与智慧。可以参加家庭教育课程，相关平台也包括我们，为家长提供了系统的学习和解决方案，欢迎为人父母的你，一起共创。阅读育儿书籍，与有经验的父母交流，来获取新的知识与经验。同时，也需要关注自己的个人成长与发展，不断提升自己的综合素质与能力水平。

（3）建立良好的家庭氛围

家庭氛围对孩子的成长至关重要。我们需要努力营造一个温馨、和谐、充满爱的家庭氛围。通过分享彼此的生活和感受等方式来增进家庭成员之间的亲密感与信任感。（在此也为读到本书有缘的你，准备了陪伴孩子要做的 100 件事，请寻找到作者的联系方式，免费获取。）同时，也需要注重家庭文化的建设与传承，让孩子在家庭中感受到归属感与自豪感。

（4）寻求支持与帮助

在养育孩子的过程中，可能会遇到各种挑战与困难。这时，我们需要勇敢地寻求支持与帮助。一群有心、有智、有爱的专业老师，可以为我们的养育过程保驾护航。通过寻求帮助与支持，我们可以更好地应对挑战与困难，从而成为更加坚强、自信的父母。

养育孩子是一场漫长而艰辛的旅程，但也是我们成长与觉醒的契机，我们不仅是引领者，更是同行者。每一场与孩子的相遇，都是对我们内心深处的一次深刻探索，我们要勇于面对自己内心。我们要敢于揭开那些隐藏在微笑、愤怒或躲避背后的真实情感，去审视它们、理解它们，并最终接纳它们，这是一场与自我对话的旅行。

养育自己的意义，不仅在于使我们成为更加成熟、智慧的个体，更在于为我们养育孩子提供坚实的基础与保障。我们能更好地理解孩子的情感与需求，给予他们真正的关爱与陪伴。

当我们能够不断地学习与实践时，才能掌握更多的育儿知识与技巧，为孩子的成长提供科学的指导与支持。

因此，养育自己不仅是个人成长的需要，更是养育孩子的必然要求。让我们在养育孩子的过程中，不断地提升自我认知、提升自我智慧，让我们用自己的智慧去启迪孩子的智慧，真正成为孩子生命中的良师益友，陪伴他们走向更加美好的未来。而这段关于养育自己的旅程，也将成为我们生命中最宝贵的财富与经历。

童年时期经历的养育方式，往往会成为我们养育子女的蓝本

02 父母对孩子的爱源自永不停止的自我成长

当父母无法活出真实的自我时，就无法引领孩子走向更好的生活。正如苏格拉底所言："认识你自己。"这是我们人生的第一课，也是最重要的一课。但当另一个人加入我们的生活，特别是当我们成为父母后，会有前所未有的感受。

所以我在课堂上无数次和家长们分享，父母对于孩子最大的爱是永不停止的自我成长，是在养育孩子过程中不断完善自己，遇见更好的自己，爱默生说："你的孩子不是你的孩子，他们是生命对自身渴望的儿女。"所以，要学会在父母的角色中找到快乐与自我，让我们一同努力，成为更好的家长，也让孩子成为更好的孩子。

03 夫妻有爱，家才是孩子的港湾

为人父母，责任重大。夫妻间的爱，是无声却有效的家庭教育。

经常听到一句祝福叫“家和万事兴”，但这句话的完整表达是：父爱则母静，母静则子安，子安则家和，家和万事兴。中华传统文化强调夫妇之道乃家庭幸福之根本。在育儿过程中，夫妻间的相互尊重、配合与协调至关重要。《爱的艺术》是这样表达的，父母对孩子精神世界的构筑具有深远影响。母亲代表孩子的“自然世界”，父亲则是孩子的“思想世界”。孩子与父亲的关系会影响到未来的职场关系，孩子与母亲的关系会影响到未来的亲密关系。一个成熟的人，内心同时拥有父母两个世界，这为精神的富足奠定了坚实的基础。

家是孩子的摇篮，是他们心中温暖的庇护所。然而，当家庭充满纷争，孩子内心的安全感便荡然无存。即使外界再美好，他们的世界也会变得暗淡。遗憾的是，一些人并未意识到夫妻关系对亲子关系的影响，孩子出生后，往往无意识地忽视夫妻关系。夫妻双方都深爱孩子，彼此间的爱却在让位。生活的压力、琐碎的事务、不可避免存在的摩擦与矛盾，而养育孩子的不同观念，可能令原本恩爱的夫妻一时急躁。由于彼此过于了解，夫妻间说话可能碰到对方内心柔软的地方，夫妻间的争吵便对孩子造成伤害。美国学者约翰 · 戈特曼和茱莉 · 戈特曼曾花费了 40 年的时间，对超过 4000 对夫妻进行了长期的观察，基于大量数据完成了各项研究，对夫妻间的相处方式有了深入的了解。由此他们获得了一个“特别神奇”的能力，只要听一对夫妻对话 5 分钟，就可以对他们的关系有个判断。婚姻安定幸福的夫妻，日常沟通中正面与负面的言语比例平均为 5：1。那关系不好的夫妻呢？这个比例是 1：0.8。这大约有 5 倍的差距。

孩子在童年时期缺乏鉴别能力，如果他们的心理发育在家庭美好的土壤中进行，在父母正向的沟通中进行，在父母爱的相处中进行，他们就会更愿意相信世界的美好。

夏天的时候，有一个妈妈来找我求助，孩子上初中，想给孩子转学。起因是老师一直反映孩子在学校的事。老师对孩子的表现非常头疼，建议父母务必要认真管管，特别是在这样的关键时候。这个妈妈是个企业家，企业在行业里还是非常知名的，听到老师这样说，就想给孩子换个学校、换个环境，但是孩子不愿意转学，理由是离不开他的朋友们，反对妈妈一意孤行。妈妈觉得非常烦恼。

我没有直接给出答案。我就问了问妈妈，孩子此刻在她心目中印象是怎样的？妈妈说孩子“敏感还犟”。我又问她如果情感作为唯一的衡量元素，家更像什么？她却滔滔不绝地和我说了孩子小时候是多么阳光、多么懂事、多么可爱，如今这样让她不能理解。我就问妈妈孩子的转变是从什么时候开始的？妈妈思考了片刻说，是从她创业开始的，创业后对于家庭关注少了，因为公司和孩子的事同爱人争执明显增多。更不应该的是，有时还迁怒于孩子。家庭交流减少，在一起就是问问成绩，如果孩子做得不好，就难免批评。孩子慢慢变得就不那么开心了。听到这些我又问妈妈："假如把孩子现在的状态比喻成吸铁石，你觉得孩子在学校会怎样？"妈妈沉默不语，陷入深深的触动和沉思。

每个孩子都是带着好奇心在探索并认识这个世界，同时也依赖着外界的评价来构建自我认知。父母真正地相亲相爱，教育出来的孩子会心地善良、健康向上、相信人性的美好，能捕捉到人与人之间美好情愫。这样的家庭教育环境更能培养出真正健康、富足，有爱心、有责任感的孩子。这样的孩子，就像一朵盛开的花朵，浑身上下都散发着光芒。当家庭的土壤是真诚、尊重、信任、欣赏，父母能够深深地爱着他们时，应该做什么、不应该做什么的选择就会变得非常自然，无须刻意去考虑。

04 用好正向语言，提升持久心力

父母爱孩子是天性。这里有两个关键词：一个是父母的心力，另一个是父母的方法。父母的心力如果足够，对于孩子就是一种支持和赋能。如果父母心力不够，就更不用谈方法不对了。

勇气：勇气是面对错误、面对挑战时不退缩的力量。当孩子犯错时，我们是否有勇气与之坦诚对话，而非逃避或责罚？比如说孩子无论犯什么错，我们都有勇气跟孩子一起去聊一聊这个错误是怎么来的，而不是孩子犯什么错我们都没勇气跟他聊，或者是让孩子没有勇气找我们聊。孩子犯了错宁愿去找老师，或者宁愿躲起来，也不敢跟父母说。孩子在父母面前丧失了勇气，因为父母没有给他足够的空间，让他可以有勇气。因害怕被责备而选择逃避，这背后是父母未能给予足够的勇气空间。真正的勇气，是让孩子知道父母的支持与陪伴，能够共同寻找解决之道。

信任：有时，信任似乎成了一种需要靠努力赢得的东西。若我们要求孩子必须达成某些条件才能获得信任，这实则映射出我们内心的不安全感，透露出我们对掌控的渴望。

我们内心对生活的信念与尊重有多强，孩子便能感受到多少来自我们的信任。当我们内心深处相信生活蕴含智慧，那么它所展现的一切，都将被视为美好的存在。信任，是亲子关系的基石。当孩子感受到这份信任，他们会更加自信，更愿意敞开心扉，与父母共同面对问题。例如，当孩子考试发挥欠佳，一句“我相信你能找到方法提高”可以激发孩子的内在动力。

作为父母，我们传递信任的方式往往微妙而深刻。我们向孩子提出的问题、教授的知识、给予的忠告，无一不在无声地诉说着信任相关的信息。比如，频繁地询问孩子的状况，实则是基于一种预设。避免不恰当和过度地关注、询问他们的想法，或是持续监督。请告诉他们：“爸爸妈妈完全相信你有照顾好自己的能力，需要帮助时请主动告诉我们。”

若父母激发并尊重孩子的创造力，即使他们的计划与父母的设想不同，也能传递出对他们能力的深刻信任。父母对孩子意见与选择的尊重，他们是能够深切感受到的。即便他们年幼，但对于他们提出的有价值见解，父母也应给予足够的重视。当孩子意识到这些是有意义的，对父母是重要的，就会对自己的声音充满信心。

每当父母鼓励孩子勇敢表达自己的想法时，都是在为他们的信任之树浇水施肥。即使是不明智的选择，父母也不应削减对他们的信任，而应以实事求是的态度告诉他们。一旦孩子感受到来自父母的尊重，他们便会被激发出无穷的力量。他们明白自己是值得信赖的。这是一份沉甸甸的责任感，也是一份巨大的鼓舞。自然而然，他们会努力表现，不负父母的信任。

积极主动：积极主动是自驱力的体现。当孩子开始主动承担责任，如自己安排学习、生活，这意味着他们正在向成熟迈进。家长的角色是引导而非控制，是在孩子尝试时给予支持与反馈，帮助他们建立正确的价值观和行为准则。一个被允许自由探索的孩子，更有可能成为具有创造力和责任感的人。

接纳：接纳子女，始于自我接纳，两者相辅相成，无论是对当前还是未来自我的认同。若父母自身未能成为精神世界的独立者，又怎能期望引领孩子走向这条道路？若父母尚未实现个人的独立自主，何以教会孩子自立自强？为此，在养育孩子的过程中，我经历了非常有意义的自我接纳之旅。

在拥抱作为母亲的自我之前，我首先接纳了作为个体的我，尤其是局限和不足。

所有的自我接纳与对孩子的接纳，都属于一场有意义的成就之旅，看见彼此，照亮彼此，成为更好的彼此。作为父母接受真实的自我，而接纳孩子与自我接纳，实则一脉相承。

唯有当我们接纳孩子的本真，才能体会到那份释然，心灵得以宽广。放下控制欲，便能与孩子建立起深厚的亲密关系，若我们能基于孩子的实际情况，便能助力他们塑造出与内在本质相和谐的人格。

“内在的本质”，在此指的是孩子自我探索的过程。重要的是，这一自我发现之旅是动态的，不断变化的。孩子并非静止不动，他们正处于不断成长与变化的过程中。若家长被僵化的思维所限，便无法认识到自身及孩子都处于持续演进的状态。

理性：理性是在爱中保持智慧的关键。家长应提供目标、规划，帮助孩子理解生活的意义和方向。这不仅是学业上的指导，更是人生观的塑造。通过理性的对话，让孩子学会如何做出选择，如何为自己的未来负责。

它超越了期待和渴望，是一种纯粹的认同、欣赏与支持。当孩子感受到这种爱，他们会更加自信，更有安全感，从而勇敢地追求自己的梦想。

这是一场与内心的持续对话，引领我们深刻地洞察自身的不足与局限，进而促使我们不断地自我觉察与自我呵护。这一过程，让我们的身心得以和谐统一，融为一体。尤其是我们的孩子，我们欣赏他们的闪光点，也拥抱他们的不完美。

快乐：在带孩子的过程中，保持快乐的心态，传递喜悦，能够营造一个积极向上的家庭氛围。这样的环境，有利于孩子形成积极的性格，学会珍惜生活中的每一刻。

平和：平和式养育，要求家长在面对孩子时，能用平和的态度去引导和教育。这样的教养方式，能够培养出情绪稳定、心态平和的孩子。

为了让家长更好地爱孩子，给出几点小建议：

快乐与感恩：保持快乐的心态，传递喜悦。让孩子学会珍惜生活中的每一刻，培养他们的自信心和快乐心。

鼓励与支持：鼓励孩子尝试新事物，支持他们的决定和选择。即使失败了，也要给予他们正面的反馈和鼓励。相信孩子有能力解决自己的问题，尊重他们的个性和差异。不要用自己的标准去衡量和要求孩子。

倾听与理解：当孩子遇到问题时，耐心倾听他们的想法和感受，理解他们的困难和挑战。在面对孩子的任何情况时，都能保持冷静、理智。用平和的态度去引导和教育孩子，有耐心去包容他们的不足和错误。

理性与规划：为孩子提供合理的目标和规划，帮助他们理解生活的意义和方向。同时，也要教会他们如何做出理性的选择和决策。

让他们知道，无论发生什么，父母都是他们最坚实的后盾。教育的本质是一棵树摇动另一棵树，一朵云推动另一朵云，一个生命唤醒另一个生命。愿我们都能成为灌溉的园丁，以温柔而坚定的力量，陪伴孩子在生命的田野上绽放出属于自己的独特光彩。

05 家长的思维层次里蕴含着孩子的未来

你知道吗？家长的思维层次里蕴含着孩子的未来。

在家庭教育的过程中，思维方式像阶梯一样，引领着我们和孩子成长的方向。也影响着孩子不同的思维模式、行为模式和情绪模式。

无论多忙，我都强烈建议一定要认认真真读完本书，尤其是那些总是忙于工作、生活的家长们。父母真正的成功，不仅是事业上的辉煌，更是培养出有格局、有能力的下一代。正如爱默生所言：“孩子最终会成为什么样的人，主要取决于他从第一个教育者那里所接受的爱的质量、陪伴和榜样。”

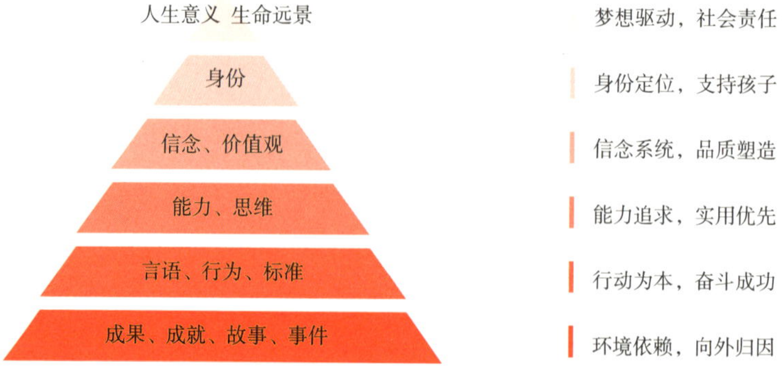

“环境依赖，向外归因”，抱怨外界不好，却忘了自己才是孩子最重要的环境。有些家长因为工作忙，把孩子完全交给学校和兴趣班，出了问题就一味责怪外界。所以，我们主张父母对于孩子的爱来自不断自我成长，成为榜样级的父母，引领、以身作则、注重言传身教。

“行动为本，奋斗成功”，只要足够努力，就能成功；孩子没有取得好的结果，则是因为努力不够，一些家长会这样认为。他们的信念是学习很苦，努力很酷。书山有路勤为径 ，学海无涯苦作舟。这里需要有正确的方向和方法，否则可能只是徒劳。盲目地让孩子参加各种课外班，忽略了孩子的兴趣和天赋，结果孩子疲惫不堪，却收效甚微。

“能力追求，实用优先”，注重培养孩子的各种技能，各种能力结构的构建。这属于比较实用型，必须同时树立正确的价值观和信念支撑。只关注孩子的成绩和名次，却忽略了品德、核心素养、内核和情商的培养，结果孩子虽然成绩优秀，却不懂得如何与人相处。

“信念系统，品质塑造”，什么才是真正值得坚持和付出的，怎样帮助孩子建立正确的价值观，让每一次选择都有据可依，注重孩子优秀品质的打造，比如感恩心、责任心、同理心、奋斗心等，让孩子明白什么是真正重要的。

“身份定位，支持孩子”，引导孩子思考：“我想成为什么样的人？”有了明确的身份导向，孩子在做选择时，就能更加坚定和长远，鼓励孩子追求自己的梦想和兴趣，支持孩子成就自己。

“梦想驱动，社会责任”，不仅关注孩子的个人梦想实现，更鼓励他们思考如何为社会作出贡献。这样的家庭教育培养出的孩子，不仅有能力，更有格局和使命感。比如，有些家长鼓励孩子参与公益活动，培养孩子的社会责任感和领导力。

那么，作为家长，该如何实践高维度的家庭教育呢？我有两条建议：

第一，从上到下做规划。先提升自己的思维方式，再引导孩子一步步提升。家长的思维层次，将直接影响孩子的未来。家长是孩子的第一任老师，孩子很多的初始认知就来自父母的教导。

第二，从下到上重落实。从培养孩子的行动力开始，逐步提升他们的能力、信念和价值观，最终帮助他们明确自己的身份和使命。每一步都至关重要。

在这个充满挑战和机遇的时代，家长的思维层次里蕴含着孩子的未来。只有当我们自己站在更高的思维层次上，才能引领孩子走向更广阔的未来。正如某名人所说："父母是有有效期的。"让我们珍惜这段时光，用家庭教育，为孩子的未来奠定坚实的基础，发挥孩子原动力、自驱力，赢现在、赢学业、赢职场、赢家庭、赢未来。

第3章 懂ta，才能更好地爱ta

01 “理性向左，感性向右”

故事一：

在一个普通的小镇家庭里，生活着小智和他的父母。小智的爸爸是一位严谨的工程师，他习惯于用逻辑和数据分析问题，而小智的妈妈则是一位富有创造力的插画师，总是充满想象和艺术气息。

一天，小智垂头丧气地回到家，手里拿着一张满是错题的数学试卷，显然，这次的考试成绩并不理想。

小智的爸爸接过试卷后眉头紧锁。他开始逐题分析小智的错误，用工程师的精确性指出每一个计算失误和逻辑漏洞。爸爸严肃地对小智说：“你看，这道题目的解题步骤应该是这样的……这里你忽略了一个重要的公式转换……”他一边说，一边用铅笔在草稿纸上列出详细的解题步骤，希望小智能够通过逻辑和条理来理解和掌握数学知识。

而小智的妈妈，看到试卷后并没有立刻纠结于改正错题，而是先给了小智一个温暖的拥抱。她轻声安慰道：“小智，别灰心，每个人都有失败的时候。也许你可以试着用另一种方式来理解这些题目，比如把它们想象成一场冒险游戏，数字就是你要收集的宝藏线索。”妈妈建议小智用画图的方式来理解复杂的数学问题，通过直观的图形和色彩来激发学习兴趣。

在这个例子中，我们可以看到，爸爸更注重逻辑和条理，他倾向于通过分析和讲解来帮助小智理解数学知识；而妈妈则更注重情感和创造力，她试图通过想象和艺术的方式来激发小智的学习热情。

故事二：

心心是一个活泼好动的孩子，她热爱探索和创造。她的父亲是一位精确严谨的会计师，平时工作非常忙碌，注重事实和数据分析。而她的母亲则是一位热情洋溢的舞蹈老师，富有情感和艺术气息。

一个周末的下午，心心兴致勃勃地拿着刚做的小发明——简易的太阳能风车模型给父母展示。

父亲首先拿起风车模型，仔细观察结构和运作原理。他开始提问心心关于风车的技术细节，如：“这个风车的叶片是如何设计的？太阳能板是如何转化能量的？”他试图通过逻辑和数据来理解这个发明。

在仔细分析后，父亲指出了一些设计上可能存在的问题，并建议心心如何改进，以增加风车的效率。

父亲还帮助心心制订了一个改进和测试风车的计划，包括需要收集的数据和可能遇到的挑战。

母亲看到风车模型后，兴奋地抱起心心，赞美她的创造力和想象力。她对心心说:“这个风车真是太棒了！我能感受到你对这个项目的热情和努力。”

母亲建议心心可以尝试用不同的材料和颜色来装饰风车，让风车更具观赏性。

母亲鼓励心心在学校的科学展览会上展示风车，并分享创作过程和心得。

在这个例子中，我们可以看到，父亲更注重逻辑分析和事实依据，他通过提问和批判性思维来帮助心心改进风车的设计。母亲则更注重情感共鸣和创造力的培养，她通过赞美和鼓励来激发心心的创造力和自信心。

通过以上的两个故事，可以看出两个家庭的爸爸和妈妈是截然不同的教育方式：一个是理性和逻辑分析偏好，一个是感性、情感和创意的偏好。

众所周知的“左右脑”理论，源于美国教授罗杰·斯佩里“割裂脑”实验。通过割裂脑实验，证实了大脑不对称性的“左右脑分工理论”。他发现，左脑主要负责理解、记忆、时间、语言、判断、排列、分类、逻辑、分析、书写、推理、抑制等功能，而右脑则主要负责空间形象记忆、直觉、情感、身体协调、视知觉、美术、音乐节奏、想象、灵感等。该实验具体如下：

半脑优势之临床及实验证据

左脑（右半边身体）	右脑（左半边身体）
语言/文字	空间/音乐
逻辑、数学	全面的
线性、细节	艺术、象征
循序渐进	一心多用
自制	敏感的
好理智的	直觉的、创造力强的
强势的	弱势的(安静)
俗世的	性灵的
积极的	感受力强的
好分析的	综合的、完形的
阅读、写作、述说	辨认面目
顺序整理	同时理解
善于感知重大秩序	感知抽象图形
复杂动作顺序	辨识复杂的数字

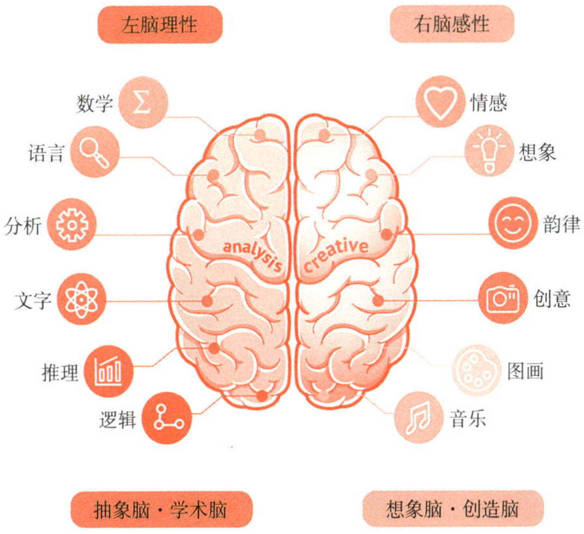

02 性格特质：ATMR

人们偏好的不同，会影响决策，有的决策偏情感、关注人，有的决策偏逻辑、关注事。人们因为信息获取偏好的不同，存在着做事快与慢的区别。做事快的，可以称之为直觉型信息获取偏好；做事慢的，可以称之为分析型信息获取偏好，

所以，从情感到逻辑，从直觉到分析，结合相关特点，ATMR 把人的特质划分为四个象限，A（appreciation）是欣赏型，关注人，做事快，比较感性；T（target）是目标型，关注事、做事快、理性；M（magnanimity）是包容型，关注人，做事慢，感性；R（responsibility）是责任型，关注事，做事慢，理性。

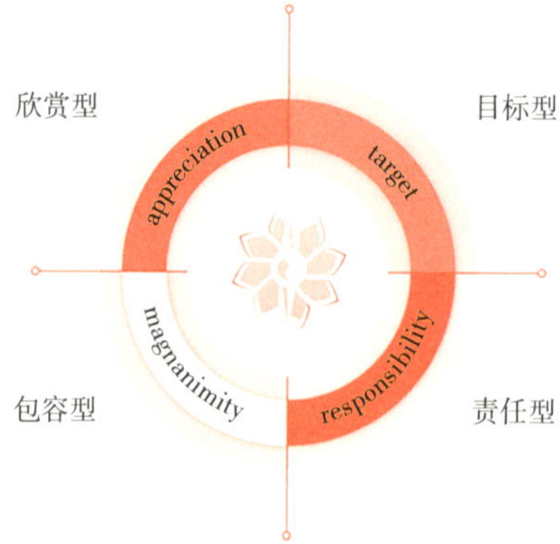

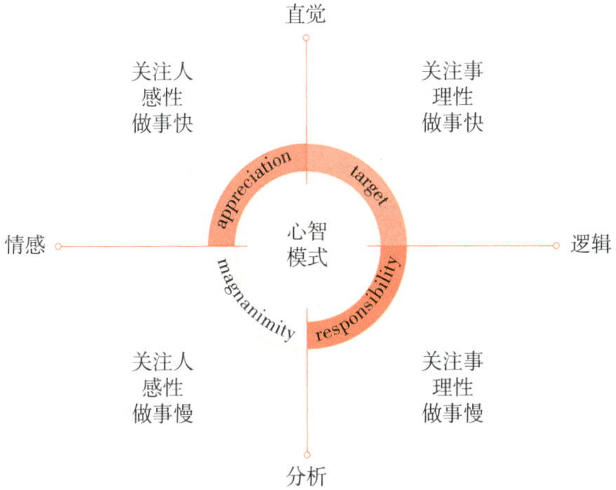

ATMR 慧眼识娃测评系统是结合青少年儿童心理学、行为学、脑科学等各科学理论基础及大数据分析，研发出的专门针对中国 3 ~ 14 岁青少年儿童性格特质的测评工具。

这是一次测评，让你更了解孩子的个性特质。

孩子就如同一粒种子，

我们只有更加了解它，

才能提供给它合适的温度、土壤、水分，

它才能更好地生根、发芽、成长、开花……

让孩子的生命之花绽放，

是我们每个家长的责任。

智慧的父母懂得顺应孩子的天性，学会了解与接纳，了解孩子的特质类型，养成心智健康的孩子，因此也能收获更多的惊喜！

如果孩子年龄在 3 ~ 14 岁，父母可以使用 ATMR 慧眼识娃测评系统帮助孩子完成测评。

具体测评路径如下：

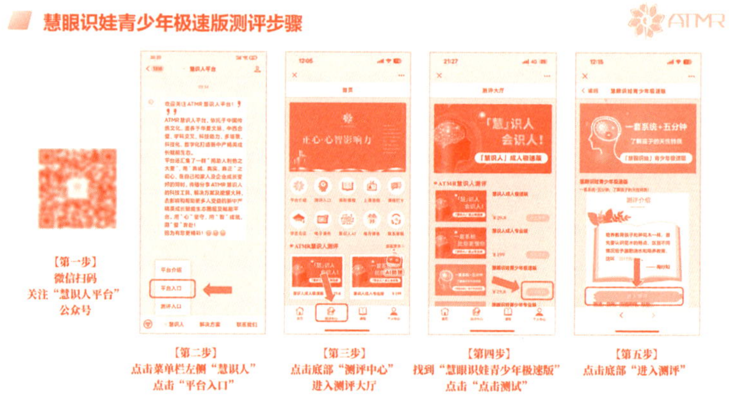

如果孩子年龄在 14 岁及以上，以及成人（这个测评过程作为父母也可以顺便对照测评了解一下自己），可以直接由孩子（成人）自己使用 ATMR 慧识人测评系统。

具体测评路径如下：

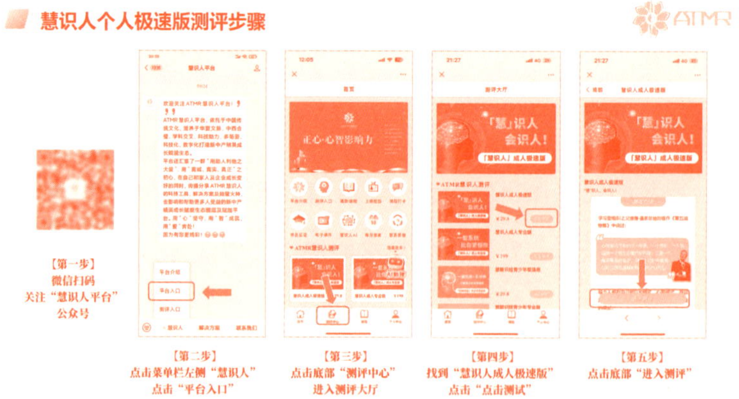

测评中得分最高的特质为主要特质，这个特质决定一个人超过 60% 的思维、情绪和行为的风格。得分第二的特质为次要特质，依次类推为第三和第四特质，正是这些个性特质因素以及强弱表现的不同排列组合，造就了每个个体。本书中主要展示了十二大类不同特质的模式：

直觉均衡模式（AT、TA）：

普遍做事比较快，直觉性非常好，能同时关注到人和事。

分析均衡模式（MR、RM）：

普遍做事比较慢，做事相对比较稳健，能同时关注到人和事。

单一左脑模式（TR、RT）：

做事理性，关注逻辑，比较在意就事论事，对于情感因素关注较少。

单一右脑模式（AM、MA）：

做事感性，关注情感互动，比较在意感受。

对冲模式：AR、MT、TM、RA 特质，平衡得好，能力阈值非常大。

下面将用图示样本来展示通过专业的 3 ~ 14 岁慧眼识娃青少年儿童特质测评系统测评后的样本展示和 14 岁及以上慧识人特质测评系统测评后的样本展示。

3 ~ 14 岁、14 岁以上的特质测评图示具体数字化测评实操层面，因为组合顺序不同，每个特质分数不同，数字化的测评系统把具体的类型根据需要细化到多种类型。

直觉均衡模式（AT、TA）：

特质类型：A,T,R,M
首要特质：A
次要特质：T
显性特质：

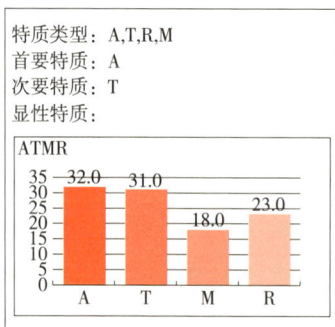

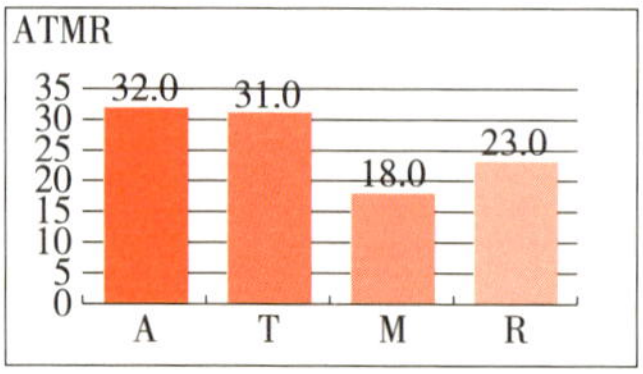

3～14岁测评结果样本——AT特质

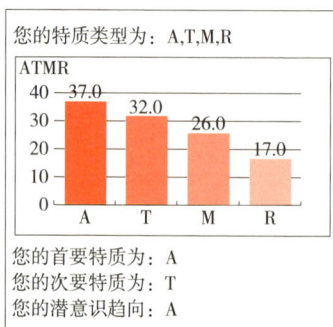

您的特质类型为：A,T,M,R

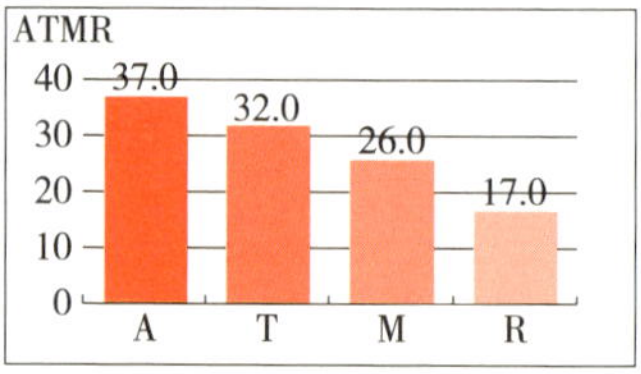

您的首要特质为：A
您的次要特质为：T
您的潜意识趋向：A

14岁及以上测评结果样本——AT特质

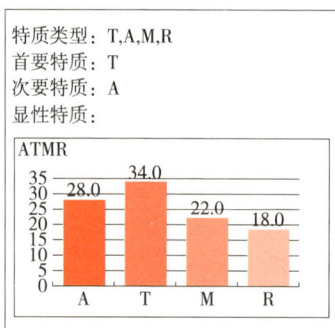

特质类型：T,A,M,R
首要特质：T
次要特质：A
显性特质：

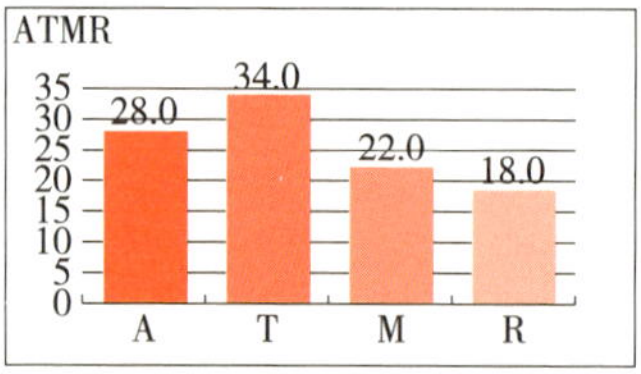

3～14岁测评结果样本——TA特质

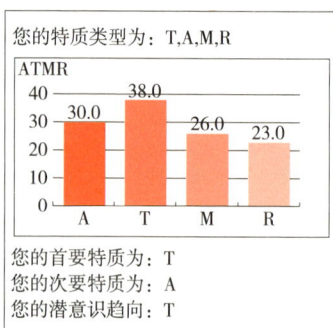

您的特质类型为：T,A,M,R

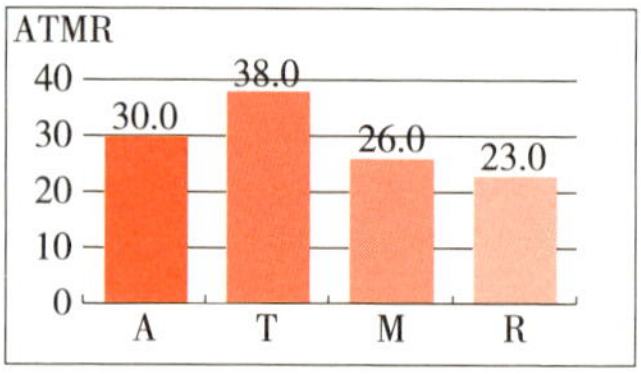

您的首要特质为：T
您的次要特质为：A
您的潜意识趋向：T

14岁及以上测评结果样本——TA特质

分析均衡模式（MR、RM）：

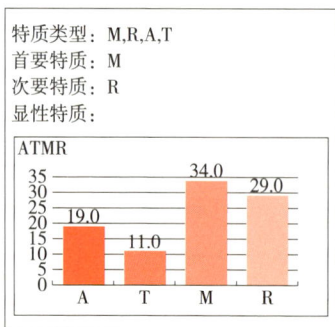

特质类型：M,R,A,T
首要特质：M
次要特质：R
显性特质：

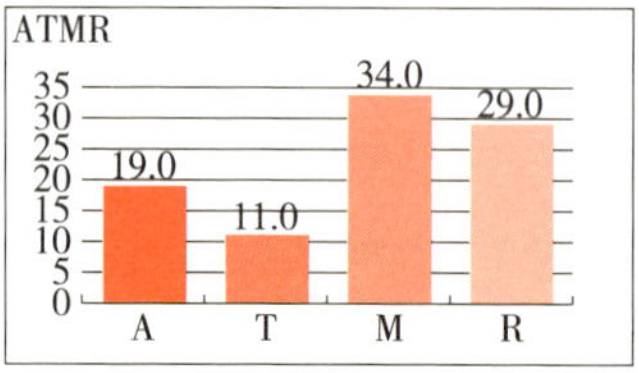

3～14岁测评结果样本——MR特质

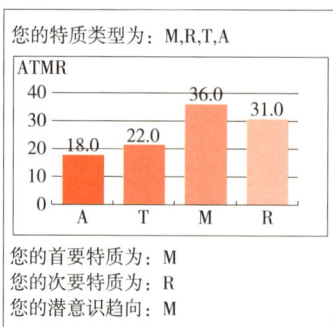

您的特质类型为：M,R,T,A

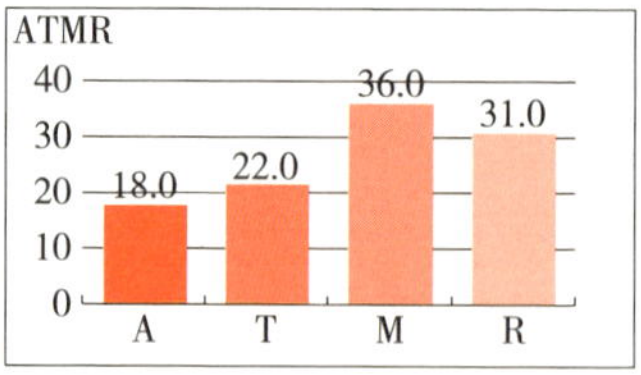

您的首要特质为：M
您的次要特质为：R
您的潜意识趋向：M

14岁及以上测评结果样本——MR特质

特质类型：R,M,A,T
首要特质：R
次要特质：M
显性特质：

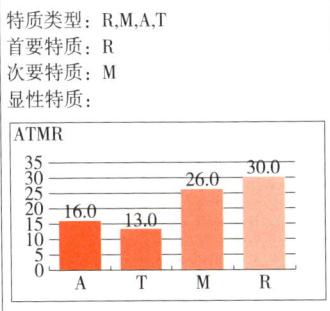

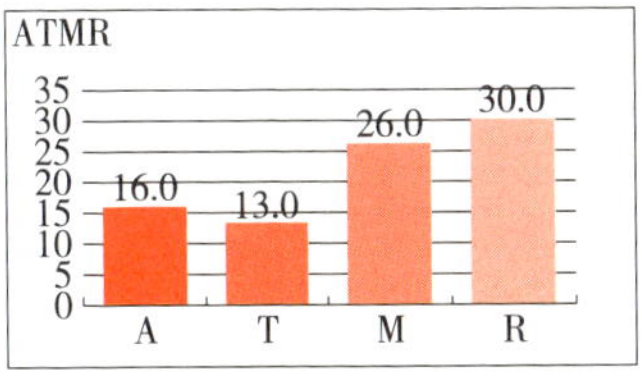

3～14岁测评结果样本——RM特质

您的特质类型为：R,M,T,A

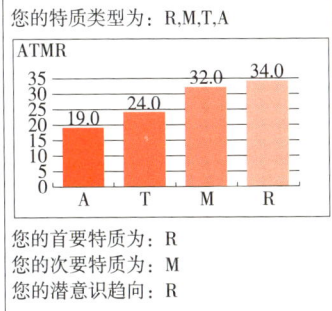

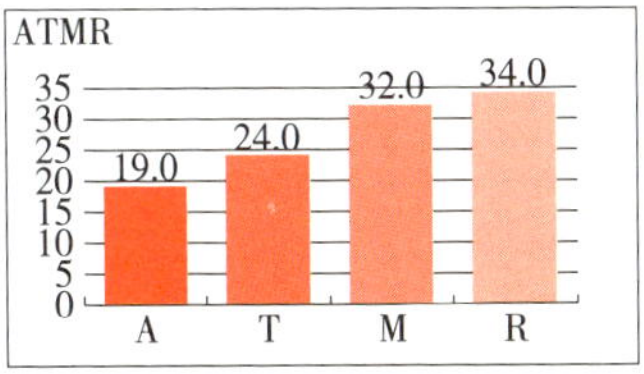

您的首要特质为：R
您的次要特质为：M
您的潜意识趋向：R

14岁及以上测评结果样本——RM特质

单一左脑模式（TR、RT）：

特质类型：T,R,M,A
首要特质：T
次要特质：R
显性特质：

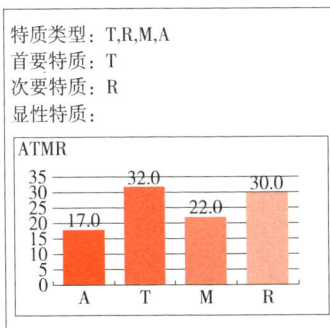

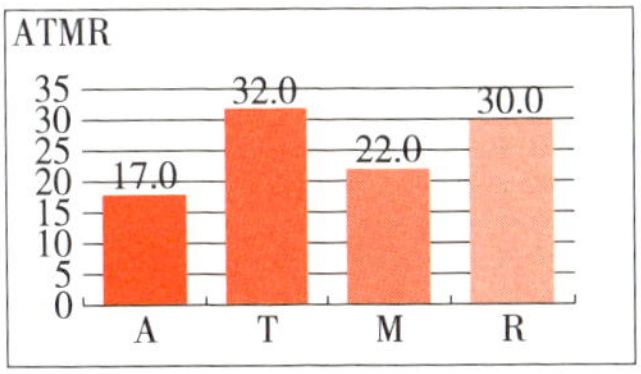

3～14岁测评结果样本——TR特质

您的特质类型为：T,R,A,M

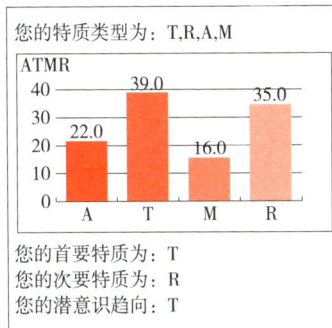

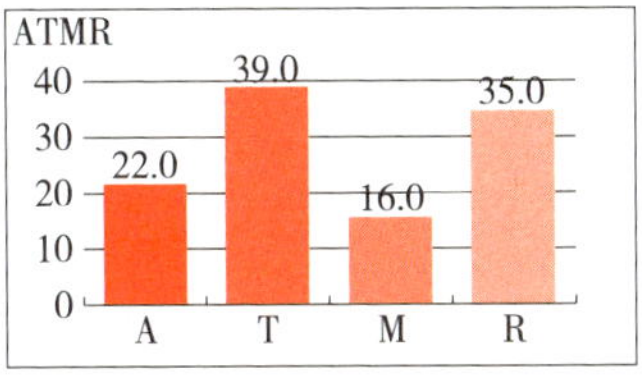

您的首要特质为：T
您的次要特质为：R
您的潜意识趋向：T

14岁及以上测评结果样本——TR特质

特质类型：R,T,M,A
首要特质：R
次要特质：T
显性特质：

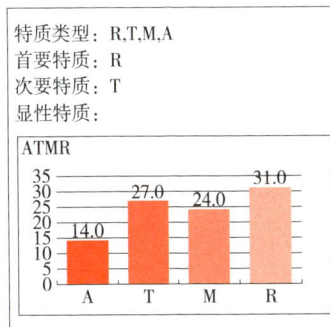

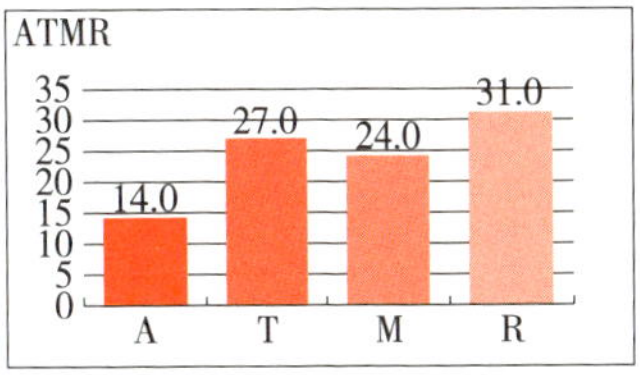

3～14岁测评结果样本——RT特质

您的特质类型为：R,T,A,M

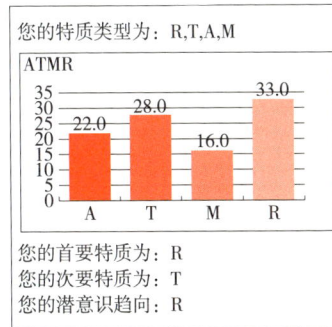

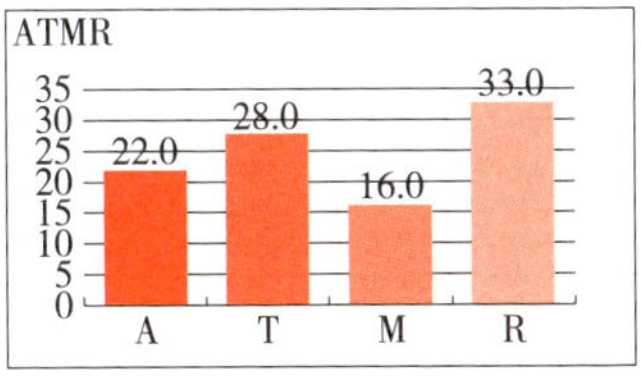

您的首要特质为：R
您的次要特质为：T
您的潜意识趋向：R

14岁及以上测评结果样本——RT特质

单一右脑模式（AM、MA）：

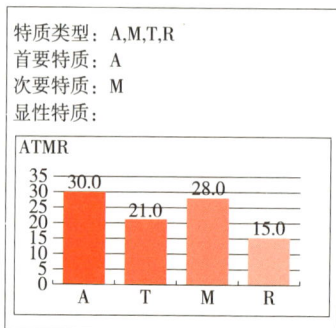

特质类型：A,M,T,R
首要特质：A
次要特质：M
显性特质：

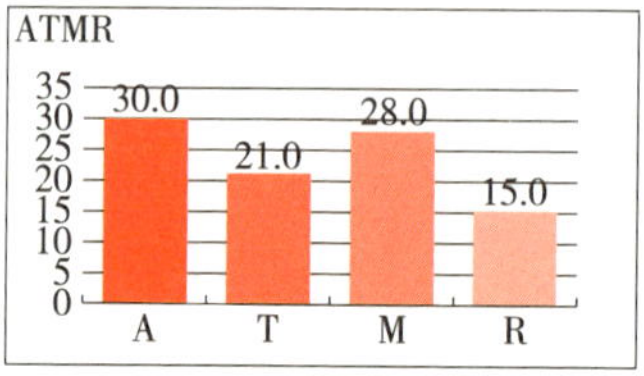

3～14岁测评结果样本——AM特质

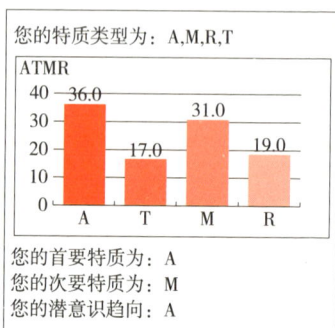

您的特质类型为：A,M,R,T

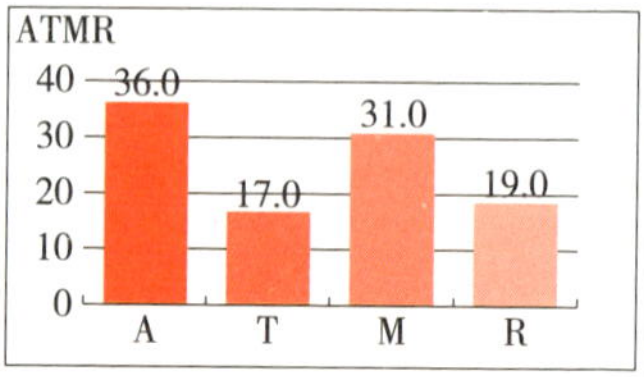

您的首要特质为：A
您的次要特质为：M
您的潜意识趋向：A

14岁及以上测评结果样本——AM特质

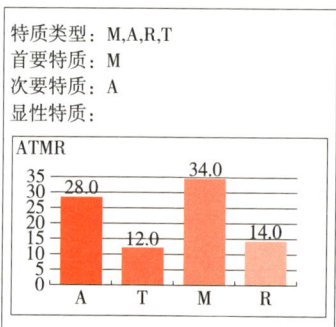

特质类型：M,A,R,T
首要特质：M
次要特质：A
显性特质：

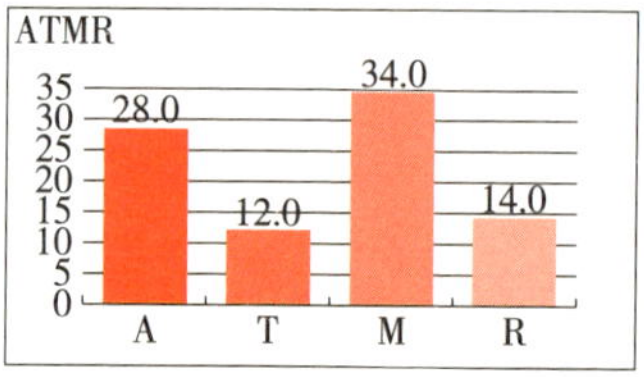

3～14岁测评结果样本——MA特质

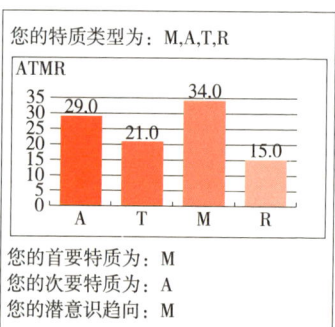

您的特质类型为：M,A,T,R

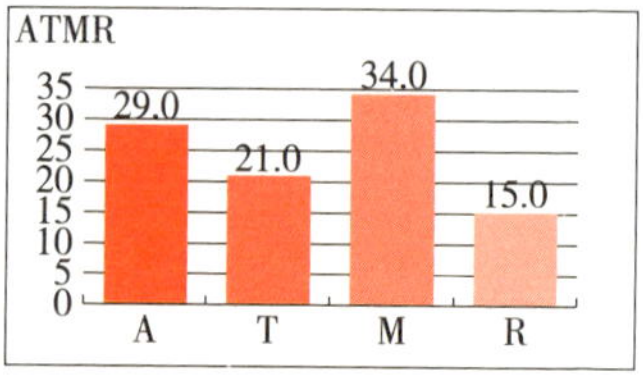

您的首要特质为：M
您的次要特质为：A
您的潜意识趋向：M

14岁及以上测评结果样本——MA特质

对冲模式（AR、MT、TM、RA）：

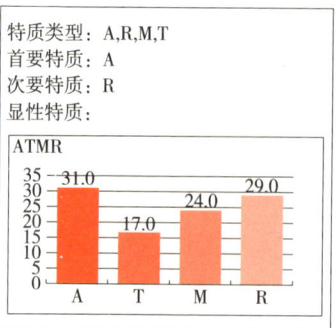

特质类型：A,R,M,T
首要特质：A
次要特质：R
显性特质：

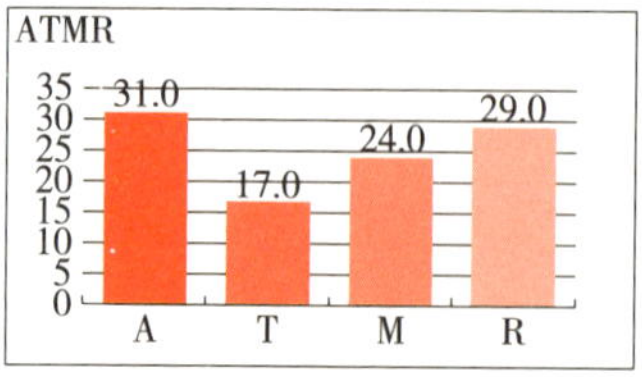

3～14岁测评结果样本——AR特质

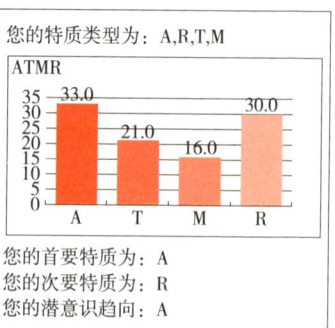

您的特质类型为：A,R,T,M

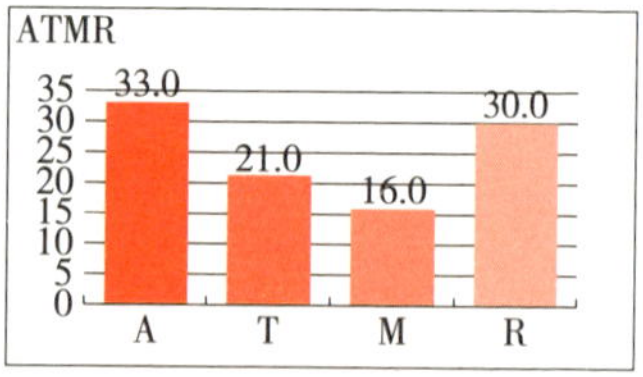

您的首要特质为：A
您的次要特质为：R
您的潜意识趋向：A

14岁及以上测评结果样本——AR特质

特质类型：M,T,A,R
首要特质：M
次要特质：T
显性特质：

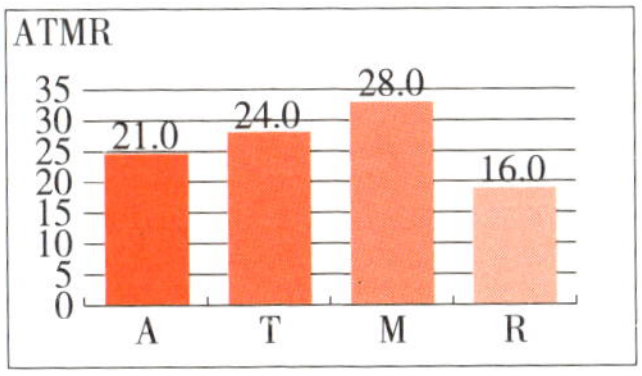

3～14岁测评结果样本——MT特质

您的特质类型为：M,T,R,A

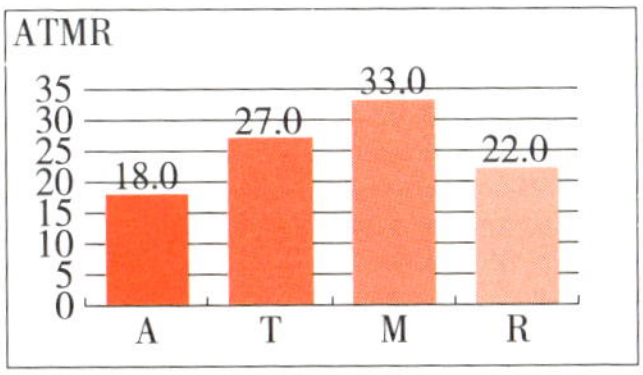

您的首要特质为：M
您的次要特质为：T
您的潜意识趋向：M

14岁及以上测评结果样本——MT特质

特质类型：T,M,R,A
首要特质：T
次要特质：M
显性特质：

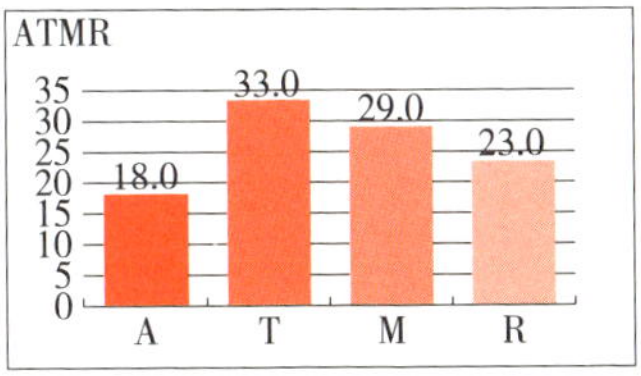

3～14岁测评结果样本——TM特质

您的特质类型为：T,M,R,A

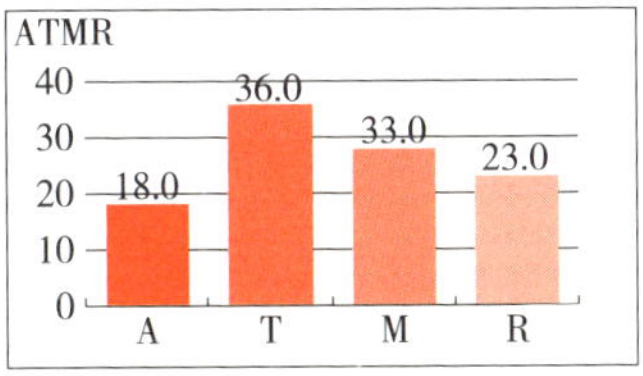

您的首要特质为：T
您的次要特质为：M
您的潜意识趋向：T

14岁及以上测评结果样本——TM特质

特质类型：R,A,T,M
首要特质：R
次要特质：A
显性特质：

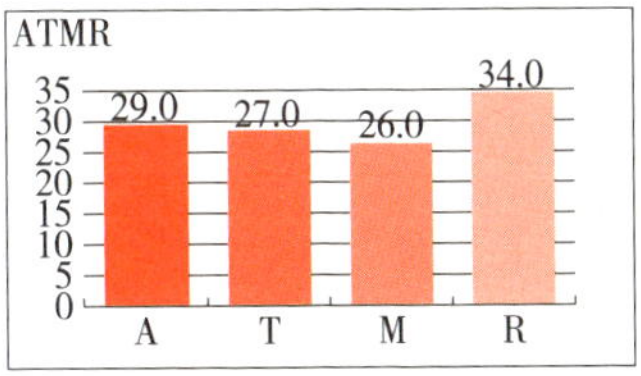

3～14岁测评结果样本——RA特质

您的特质类型为：R,A,M,T

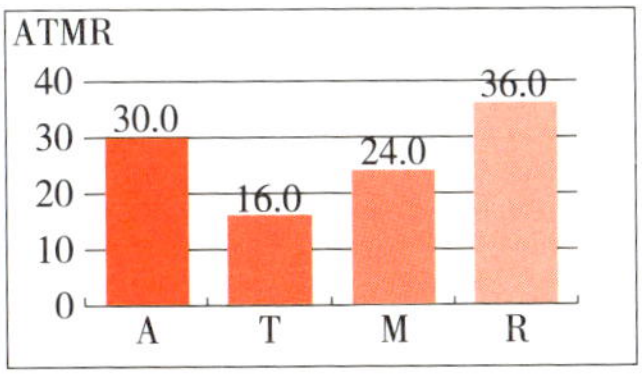

您的首要特质为：R
您的次要特质为：A
您的潜意识趋向：R

14岁及以上测评结果样本——RA特质

03 天赋优势

一位美国教育学家、心理学家说:“每个孩子都是一个潜在的天才儿童，只是经常表现为不同的形式。”作为家长，我们的责任就是去发现并珍视孩子的这些天赋优势，为他们提供适宜的生长环境和营养土壤。

那么，什么是天赋优势呢?简而言之，天赋优势是指孩子与生俱来的、在某些方面特殊的能力和特质。这些能力和特质可能是智力上的，如逻辑思维、空间想象力；也可能是情感上的，如同理心、共情力；还可能是身体上的，如运动能力、手眼协调等。

天赋优势，越早发现越好。天赋优势是孩子成长的独特密码，当我们了解并尊重孩子的天赋，就能激发他们的学习热情，培养他们的自信心和创造力。

作为家长，我们要用心去观察、去倾听、去理解孩子，发现他们的独特之处，并给予积极的反馈和支持。只有这样，我们才能帮助孩子发现自己，让他们在成长的道路上更加自信、坚定和快乐。

在这个多元化的时代，每个孩子都有机会展现自己的才华和魅力。

现在，让我们一起走进两位名人的童年，感受他们天赋优势的璀璨光芒。一个小男孩，从小他就对数学和物理充满了浓厚的兴趣，常常陷入深深的思考，眼中闪烁着对宇宙的好奇。他的家人敏锐地捕捉到了这一点，鼓励他探索科学的奥秘。正是这种对科学的执着和天赋，让他最终揭开了相对论的神秘面纱，成为科学界的巨星，他就是爱因斯坦。

再来看另一个故事，一个小男孩坐在钢琴前，双手在琴键上跳跃，美妙的旋律流淌，他就是未来的音乐大师贝多芬。从小，他就对音乐有着异乎寻常的感悟力，能够轻易地捕捉到音乐中的情感与节奏。他的家人被他的才华所震撼，全力支持他的音乐之路。正是这种与生俱来的音乐天赋，让他在音乐的殿堂里留下了永恒的印记。

了解孩子的天赋优势，就如同掌握了一把神奇的钥匙，能够打开孩子内心深处的世界。当我们发现并尊重孩子的天赋时，就能激发他们的学习热情，培养他们的自信心和创造力。因此，作为家长，我们必须承担起了解孩子的责任，用心去观察、去倾听、去理解孩子内心的声音和力量。找到属于孩子的真正的内在天赋，家长才能实现“因材施教”。因为对孩子来说，做的事情如果与自己的天赋相吻合，会充满热情，越来越自信，进步的速度将令人惊讶。

孩子成长的过程中确实面临着许多不确定性，在孩子成长过程中，家长作为孩子的重要引导者和支持者，决策和行动对孩子的成长具有深远的影响。在接下来的篇章中，我们也会着力就每个特质，给出针对性的建议。

04 潜在弱势

每种特质都有其特定的优势，我们隐隐看到一颗颗明日之星冉冉升起，艺术家、外交官、诗人、世界冠军、科技领军者……如果家长懂得因材施教，皆有可能。

但是，有优势也就有弱势，就像一个硬币的两面，互为依存。

每个孩子都有自己的潜能和不足，通过了解这些特点，家长可以为孩子制订更合适的教育计划，帮助他们更好地发展自己的优势，同时克服或改善弱势。

每个孩子的天赋、个性都不一样，都是独一无二的。如果是玫瑰，就应该被放进花园；如果是青松，就应该生长野外。方法对了，路就对了，孩子教起来，也就轻松愉快了。

我们一直说，因材施教是教育的本质，也是每个家长真正要努力的方向。我们也一直相信，每个孩子都是独立的个体，都能绽放出最耀眼的光芒。

十二种特质已经基本涵盖了主要的特质类型。每一种特质都有自己的独特天赋，和更容易成才的方向；所以了解孩子的特质，更重要的还是为了那四个字——“因材施教”。在了解优势的前提下，扬长避短，有针对性地调整家庭教育方式、兴趣培养方向，提高学习驱动能力，从而实现事半功倍。

家长来认识孩子，不是让家长来羡慕别人家孩子，而是让家长更好地认识自己孩子的优势，真正做到家庭教育的四两拨千斤，让孩子成人成才，打造有爱的家庭体系。

第4章 爱ta更要懂ta

——均衡模式

01 直觉均衡模式（AT）

AT 特质的优势

AT 特质的孩子自幼便拥有旺盛的生命力和无尽的活力，仿佛一颗星星，在人生的舞台上熠熠生辉，他们元气满满，充满对未知的好奇和对生活的热爱，使得每一天都充满活力与热情。一旦有了想做的事情，他们便如同箭在弦上，毫不犹豫地付诸行动，展现出强烈的行动力和目标感。

AT 特质的孩子被赋予了敏锐的洞察力和快速的反应能力，能够迅速捕捉到生活中的点滴变化，以及潜藏的机会。每当他们的脑海中闪现出有趣或富有创意的想法时，他们就在第一时间将想法转化为现实，抓住每一个可能的机会。充满活力、行动力强、目标感明确，这种特质使他们在人生的道路上能够迅速抓住机遇，实现自己的梦想和目标。

AT 特质的孩子精力如同永不熄灭的火焰，旺盛且充沛，他们往往不遵循常规的套路，喜欢以独特的方式去尝试和挑战。对于他人犹豫不决或是不敢触及的界限，他们喜欢以无所畏惧的态度去突破，无论是言语还是行动，都显得与众不同。

他们就像那些敢上九天揽月、敢下五洋捉鳖的冒险家，总是寻找着新的刺激和体验。他们的行为常常让人惊叹，从不选择走那条平凡而普通的路，而是选择了一条充满未知和冒险的道路。

天生热衷于冒险，他们渴望成为众人瞩目的焦点，享受被众人围绕、赞美和表扬的感觉。他们内心深处有着一种强烈的渴望，那就是站在舞台的中央，成为无可替代的主角，而不是默默无闻的配角。当他们勇敢地尝试新事物，做出令人惊叹或令人钦佩的冒险行为时，会感到无比满足和快乐。

天生就是舞台的主角，他们热情洋溢、充满表现力，往往较早地展现出表达能力。小小的嘴巴就如同永不停歇的喷泉，总是流淌出无数的话语和故事。他们喜欢表达与分享，每一个感觉、每一个想法都迫不及待地想与世界分享。他们的语言表达充满了独特的魅力，仿佛拥有一种魔力，使得每一句描述都充满了生动的画面感。他们能够将普通的事物用绘声绘色的方式呈现，仿佛那事物就在你眼前跃动，充满感染力。

他们的脑海中仿佛藏着一个无尽的创意宝库，总是能够涌现出令人眼前一亮的新奇点子。天生就是想象力的大师，他们的思维如天马行空，无拘无束，不受任何束缚。无论是令人捧腹的调皮鬼点子，还是富有深度的创意构思，都展现了他们独特且出众的思维方式。他们的创造力和独特的思维方式会让家长感到惊喜，有时候甚至会有些无奈和困惑。比如，他们的调皮可能会让家长感到头疼，他们的异想天开可能会让家长觉得匪夷所思。但是，这些都是他们独特天赋的一部分，是他们独立思考和创新能力的体现。

那么，他们是怎么想出这些方法来的呢？其实，这背后是他们天生的好奇心、敏锐的观察力和无尽的想象力。他们对周围的世界充满了好奇和探索的欲望，喜欢从不同的角度去观察和理解事物。他们的思维跳跃性强，常常能在不经意间将看似无关的事物联系起来，从而创造出令人惊叹的新点子。

因此，家长应该给予他们更多的理解和支持，鼓励他们发挥自己的想象力和创造力。同时，也要引导他们学会如何合理运用这些特质，让创新能力和独特思维成为他们成长的助力。

AT 特质的孩子很有创意，想象力爆棚，满脑袋都是新鲜主意，而且特别天马行空，无拘无束，经常能想出“金点子”或者“鬼点子”。有些想法甚至可能让家长都叹为观止，是怎么想出这种方法来调皮的？

AT 特质的孩子总是乐观向上，开朗活泼，他们天生就拥有强大的适应能力。通常善于与人打交道，即使面对陌生人也不会感到紧张或害怕，他们很快就能与周围的人熟悉起来，并愉快地交谈，好像彼此早已是老朋友一般。即使进入一个新的、陌生的环境，他们也能迅速调整自己的状态，比其他孩子更容易融入，找到属于自己的乐趣。

总结一下：AT 特质的孩子通常拥有较高的艺术天分，创造力、想象力和表达能力都非常出色，对于感兴趣的事物，他们展现出强烈的行动力和目标感，乐观开朗，勇于面对挑战，并懂得享受生活。在学习方面，只要家长懂得如何引导，通常能够取得令人满意的成绩，他们的个性特质使他们成为具有潜力和多元发展可能性的优秀学生。

AT 特质的劣势

孩子的特质发展就像一枚硬币，具有正反两面：一面展现了他们的优势和长处，而另一面则揭示了他们的弱势和短板。正如硬币无法只有一面，孩子的特质也是多元化的，既有优点也有缺点。

AT 特质的孩子头脑聪明，思维灵活，这使得他们往往难以长时间保持专注，容易分心，好动且充满好奇心。他们可能会在玩乐高积木时突然转而玩拼图，或在写作业的过程中想要吃水果，甚至在打扫卫生时跳一段即兴舞。

AT 特质的孩子，喜欢听表扬，不喜欢听批评。表扬的话让他心花怒放，如果你批评他，他可能会暴跳如雷，甚至反抗。因为 AT 特质的孩子比较喜欢万众瞩目的感觉，人越多越活跃。没有任何技巧的批评、指责，他会马上闹脾气。

AT 特质的孩子极度渴望得到他人的赞扬，他们对任何形式的批评极为敏感。当他们受到表扬时，仿佛整个世界都在自己的掌握之中。然而，一旦受到批评或在公众场合丢面子，他们的反应会像一颗被点燃的炸弹，情绪激烈且难以平息。

天生就喜欢成为众人瞩目的焦点，他们非常在意自己的形象，害怕在他人面前丢脸，因此，任何没有技巧的批评或指责都会让他们立刻变得焦躁不安。在参与比赛或竞技类活动时，他们起初总是充满热情，充满期待。然而，一旦遭遇失败，他们的情绪会立刻低落，失望之情溢于言表。如果连续失败，他们的反应可能会从简单的失望转变为大哭大闹，甚至可能放弃比赛。

AT 特质的孩子，更倾向于关注自己的内心体验。在与他人互动时，他们可能会沉浸在自己的世界里，有时甚至会忽视他人的需求和情感。这种特质使得他们在行动时更容易根据自己的喜好和意愿行事，可能不太顾及他人的感受。但是，我们也应该理解，每个孩子都有其独特的个性和成长轨迹。对于 AT 特质的孩子，家长需要耐心引导，帮助他们学会关注他人的感受，培养同理心，从而更好地融入群体，与他人和谐共处。

不喜欢被规矩和束缚所限制，这一点在他们的学习过程中尤为明显。由于他们容易被新的事物、信息或人所吸引，因此很难长时间保持专注。如果这类孩子在上小学前没有形成良好的听课意识和课堂规矩，上学后可能会表现出明显的不适应，家长要做好引导工作。

在做事时，他们容易对新事物产生浓厚的兴趣，并快速上手学习。然而，当面临挑战或无法立即达到预期目标时，他们可能会变得急躁、不耐烦，甚至产生挫败感。这种孩子通常兴趣广泛，但可能难以在一件事情上持续投入精力。

综上所述，了解 AT 特质孩子的特点，对于家长和教育者来说至关重要。通过理解他们的行为方式和情绪管理需求，家长可以为他们提供更加有针对性的支持和引导，帮助他们更好地应对学习和生活中的挑战。

对于具有 AT 特质的孩子，他们的潜在弱势应当从多个角度进行辩证思考，家长不必过于焦虑。实际上，孩子的优势和弱势是相互关联的，了解并真正接纳孩子的特点至关重要。在孩子的成长过程中，家长应根据孩子的个性调整教育方式，以便更好地发挥他们的优势，同时规避或改善潜在的劣势。这样，孩子可以在一个支持性和适应性的环境中茁壮成长，发挥出最大的潜能。

AT 特质的培养之道

尊重孩子的个性发展，意味着接纳他们的独特性和差异性，而不是试图将他们塑造成统一的模板。通过深入了解孩子的兴趣、才能和潜力，父母可以制定出更加个性化和有针对性的教养策略。这样的策略不仅有助于孩子充分发挥自己的潜能，还能帮助他们在成长过程中建立起自信、自尊和自主的品质。

在父母的关爱和支持下，孩子得以在个性、才能和人格等方面得到全面发展。他们会在探索世界的过程中，不断发现自己的兴趣和激情，学会独立思考和解决问题，培养出坚韧不拔的毅力和创造力。这样的孩子，无论未来面对何种挑战和机遇，都能以积极的心态和自信的态度去迎接，去实现自己的价值和梦想。

以下是一些具体的培养建议，旨在全面促进其个性、才能和人格的健康发展：

个性化学习计划：根据孩子的兴趣和优势制订学习计划，允许其在一定范围内自由选择学习内容，以提高学习动力和专注度。

目标设定与反馈：与孩子共同设定短期和长期学习目标，并定期给予正面反馈，鼓励其坚持和努力。

创意学习方法：采用富有创意和互动性的学习方法，如游戏化学习、项目式学习等，以激发孩子的好奇心和探索欲。

艺术创作：鼓励孩子参与绘画、音乐、舞蹈等艺术活动，以发挥其想象力和创造力。

科学实验：引导孩子进行简单的科学实验或探索活动，满足其好奇心和求知欲。

阅读与写作：提供丰富多样的阅读材料，鼓励孩子编写故事或日记，锻炼其语言表达能力和想象力。

团队运动：让孩子参与足球、篮球等团队运动，以培养其团队协作精神和遵守规则的意识。

体能训练：进行定期的体能训练，如跑步、游泳等，以提高孩子的身体素质和自控力。

情绪管理：教会孩子识别和管理自己的情绪，缓解冲动和焦虑。

自信心培养：给予孩子充分的赞美和鼓励，让其感受到自己的价值和能力，从而建立起自信心。

挫折教育：适当设置挑战和障碍，让孩子学会面对失败和挫折，培养其坚韧不拔的毅力。

沟通技巧：引导孩子学习有效的沟通技巧，如倾听、表达、协商等，以改善其人际交往能力。

团队合作：鼓励孩子参与小组活动或项目，学会与他人合作和分享，培养团队精神和领导力。

社交礼仪：教育孩子基本的社交礼仪和规则，让其学会尊重他人、遵守规矩。

小团队领导：在小组活动或项目中，让孩子担任领导角色，锻炼其组织、协调和决策能力。

公共服务：鼓励孩子参与社区服务或志愿者活动，以培养其责任感和领导能力。

榜样学习：引导孩子学习历史上的伟大人物或现实生活中的优秀榜样，激发其领导潜能和进取心。

综上所述，家长应尊重孩子的个性发展，采用个性化、创意性和互动性的培养方式，全面促进孩子的学习、兴趣爱好、运动、心理、人际交往和领导力等方面的健康发展。同时，家长还应给予孩子充分的关爱和支持，让孩子在成长过程中建立起自信、自尊和自主的品质，为未来的人生道路打下坚实的基础。

AT 特质的心理探秘

将孩子培育成才是一项长期而艰巨的任务，需要我们深入了解孩子的天赋和个性特质，并根据这些特点来规划他们的成长路径。然而，我们必须时刻谨记，不能急于求成，不能拔苗助长。教育就像一场马拉松，而不是短跑，家长应该耐心陪伴孩子，逐步引导他们向着目标前进。在此过程中，我们应避免给孩子过大的压力。因此，我们要做的，是让孩子在轻松愉快的氛围中健康成长。

每个孩子，随着身体、智力的增长，都会有不同的心智阶段。

由于偏向于直觉思考，喜怒哀乐相对都会比较快速、明显表达出来，他们想到什么就说什么，不喜欢憋在心里，遇到开心的事情，会很开朗笑出来，遇到不顺心的事情，也会感受到压力。

我们首要考虑的是释放孩子的情绪，让他们有机会表达情感，如倾诉、运动等，有助于释放压力，情绪可得到舒缓。重要的是，我们不能忽视孩子的情绪，单纯地进行说教，因为这种方式往往无法被孩子接受。

当孩子们刚开始接触新的事物时，家长应该避免过度赞扬，而是帮助他们设定合理的目标，降低过高的预期。这样可以帮助孩子们逐步提高自己的技能和能力，而不会因为无法达到预期而感到沮丧。

通过设定小目标并鼓励孩子们逐步达到，家长可以帮助他们建立自信心和耐心，从而在面对挫折时更加冷静和坚忍。

家长应避免高压的教养方式，允许孩子自由表达，避免过度批评，多给予表扬。

案例一

MT妈妈和AT孩子的故事：从“有问题”到“没问题”

AT特质的孩子，是我在日常工作中听到特别多的，因为我的同事巴菁老师的孩子就是AT特质，从“有问题”到“没问题”之旅，我亲自陪伴，并亲眼见证。我们亲切地称呼巴菁老师为巴巴老师，她是一所“985”高校的创业导师，她与阿里合作的公益项目获得了全国公益项目大赛Top49的荣誉。她是我 5 年前“战略养娃”课程的学员，现在也成为我们团队的主讲导师之一，即使优秀如她，教育路上也是一路升级打怪，为了帮助更多家长了解 AT 孩子，提前避坑，她写下了下面的文字：

我的孩子曾经被认定是“有问题”的孩子，因为他的精力特别旺盛，专注力又特别弱，坐不住，一有风吹草动就立刻转移注意力，而且他的情绪表达又很激烈，一有情绪就大哭大叫；在学校不遵守纪律，好动……我自己也觉得孩子有问题，所以采取了一些措施。比如，带孩子去做感统的训练，学习围棋，甚至去专注力训练，想培养他的专注力，但是孩子越学越糟糕，越学情绪越大，甚至是出现了厌学的情况。在我将要崩溃的情况下接触了 ATMR 慧识人平台，走进了“战略养娃”这门课。

经过 2 天 1 晚的学习，我了解原来孩子是有不同的特质。之前我没有这个认知，也没有正确的方法，违背了 AT 孩子的教育方式，让孩子的短板暴露得更加明显，慢慢形成了恶性的循环。AT 特质的孩子是比较容易被误解的一个特质，传统的家庭教育下也容易被定义成“有问题”的孩子。

了解了 AT 特质孩子的特征，我自己的焦虑释放了，更加平和，也更懂得欣赏，我发现了孩子很多的优点，而焦虑下的我是完全看不见的。我不断地发现了孩子身上的闪光点，并经常表达我的欣赏，他是一个特别有创造力，特别有想象力，特别会分享，特别快乐的孩子，以前我怎么没发现？我和孩子之间的亲子链接关系变得越来越融洽。孩子的情绪表达也慢慢的没有那么激烈了，当他再出现情绪问题的时候，我更能理解，更能包容，更能接纳，孩子情绪的表达越来越缓和，那些“问题”的行为程度越来越低，频率越来越少。在被肯定、被理解、被欣赏、被表扬下，变成了老师的“小帮手”，现在学期末他是得小红花、得好评最多的一个孩子。这个天翻地覆的改变源自看懂孩子。如果不了解孩子，按照错误的方法管教，后果是无法预料的。现在，我对此充满了无限的感恩，因为自己淋过雨，所以想为别人撑把伞，也想帮助更多父母爱孩子更要看懂孩子。

案例二

TR妈妈和AT儿子的故事：虎妈变形记

崔静老师，4年多以前，她是“战略养娃”课上的学员，经过近5年的陪伴，一步步成了我们子公司的负责人。在工作上，她是雷厉风行的女总裁；在家庭中，她是“虎妈”。为了帮助更多的虎妈温柔而智慧的变形，她用文字把她和儿子的故事分享了出来，以下是她写下的文字：

我这个妈妈的存在对我儿子来说就是一场灾难。我是典型的三高家长：高控制、高标准、高期待。说话苛刻，不讲情面，说一不二。我认为儿子应该做到他该做的一切，比如：学习要独立完成，要乖巧懂事、大气、有思想。如果在学校犯错，基本任务没有完成，老师告状到我这里，那将是一场“腥风血雨”。无情的话语劈头盖脸地砸出，看到儿子胆小怯懦的样子，会心疼、会后悔，也会暗下决心：以后耐心些。根本无济于事，问题一旦再发生，更可能变本加厉。长此以往，儿子变得特别怕我，听到我回家的脚步声就恐惧，会在我进门之前，站在门口开门看我的脸色，如果我的脸色很好，他会很开心地喊：妈妈！如果发现我的脸色不佳，他会特别害怕被殃及，不知道接下来妈妈会用什么态度对待他，极度缺乏安全感，会特别小心地问：妈妈，你不开心吗？

当看到这个情况的时候，我在想：我有这么恐怖吗？我都对他做了什么？我惊觉到了问题的严重性，发现儿子变得小心翼翼、阳奉阴违，本来阳光、幸福可爱的孩子，变得内心没有了力量；原本要求上进的孩子变成了“两面派”，在妈妈面前乖巧懂事，在学校时却成了“混世魔王”。这个发现引起了我的反思和重视——我肆无忌惮地把压力、负面情绪带回家，发泄在儿子身上。孩子期待的是妈妈把爱带回家，可是，妈妈带回家的却是伤害！很庆幸，我自己意识到了这一点，及时收手，否则不知道儿子在这样的环境下会长成什么样子，不敢深想，非常后怕！

万分庆幸，在意识到这些问题时，我没有放任，而是作为一个问题的责任者积极寻求解决方案。在这个寻找解决问题的路径和方案的过程中，幸运的我遇到了 ATMR 慧识人平台，在课堂上，我了解了自己，也看懂了孩子，经过系统的学习，我学会了正视自己，让自己有了能力善待身边的人。这是一段从知道到做到，跨越银河的幸福之旅。在这个过程中，我先调整好了自己的能量。在能量低时，我对自己的要求是“闭嘴”。比如：老师来告状了，我发现无法用好的情绪面对孩子，也没有想到好的方案处理时，会选择远离，把自己“关”起来，避免与孩子接触，什么时候调整好了状态，再去解决。我会用心好好思考孩子遇到的每一个问题，和他一起面对他犯的每一个错误，耐心倾听，听懂了，问明白了，再去引导他。我对自己的要求是：跟儿子的每一次对话，都应该是赋能，是滋养，是一次有价值的交流。这个变形的过程，对我来说挺漫长的，也很有挑战，但是终究一步步跨越了银河！

现在的儿子，自信阳光，积极向上，充满活力，满怀梦想；热爱生活，激情四射，生机勃勃，我想他一定会拥有幸福美满，持续蓬勃的人生！

02 直觉均衡模式（TA）

TA 特质的优势

TA 特质的孩子从小充满活力，元气满满，对于想要做的事情他们会立刻付诸行动，展现出强大的行动力和目标导向。TA 特质的孩子反应迅速，思维敏捷，总是能迅速捕捉到有价值的想法并立即付诸实践，他们通常注重效率，不喜欢拖延。

TA 特质的孩子天生具有领导才能，他们渴望成为群体中的领导者，而不是追随者。他们喜欢成为众人瞩目的焦点，为了实现目标，会拼尽全力，毫不退缩。这种特质使他们很容易在学业中脱颖而出。他们要么不做，要做就要做到最好。为了达到目标，他们能够承受压力，勇敢面对挫折，并且会不断尝试，直到成功为止。

这种强烈的主见和目标感确实非常引人注目。从小就展现出对自我决策的坚定和对目标的执着追求，这种特质在成长过程中无疑会为他们带来许多优势。他们的自信和决心使得他们能够在面对困难和挑战时保持坚韧不拔的精神。他们相信自己有能力克服障碍，这种自信会推动他们不断前进，即使遭遇失败，也不会轻易放弃。

对成功的渴望和竞争意识，使得他们能够在比赛中发挥出更好的水平。适当的压力不仅不会让他们感到沮丧，反而会激发他们的斗志，促使他们更加努力地追求目标。他们的决策力强，能够在纷繁复杂的环境中明智地选择，并勇敢地走出属于自己的道路。

天生就具备了引人注目的特质，他们从小表达能力出色，能够展现自己和分享内心的感受，善于运用语言，将自己的思考和情感有条理、逻辑清晰地传达给他人，语言非常具有说服力。每当他们开口说话，总能将事物以绘声绘色的方式呈现，充满了感染力，能够深入人心，触动他人的情感。

在思考问题时，倾向于直接触及问题的核心和本质，他们往往不拘泥于传统的规则和流程，有时甚至勇于挑战既定的规则和权威。在面对如父母、老师时，并不会畏惧或退缩，而是会勇敢地表达自己的观点和想法，只要他们认为自己是正确的，就有勇气去挑战并坚持自己的观点，不受外界的影响和束缚。这种特质使他们在面对冲突和困难时，能够保持坚定的立场和清晰的思维，追求真理和公正。

TA 特质的孩子往往展现出令人瞩目的天赋优势，他们拥有出色的行动力，一旦确定目标，便能迅速付诸实践。不仅如此，他们还具备强烈的目标感，在追求梦想时能够保持专注和决心。个性方面，他们乐观开朗，总是能以积极的态度面对生活中的各种挑战。这种乐观的态度也让他们在学习上能取得不错的成绩，因为他们总是能以饱满的热情投入学习中。同时，他们还懂得如何享受生活，即使在忙碌的学习和生活中，也能找到属于自己的乐趣和放松方式。

综上所述：TA 特质的孩子拥有行动力强、目标感强、乐观开朗、勇于挑战以及懂得享受生活等特质，他们展现出了独特的天赋优势。这些优势不仅让他们在学业上取得佳绩，更让他们在人生的道路上充满自信和魅力。

TA 特质的劣势

TA 特质的孩子往往情感丰富，但情绪波动也相对较大。他们在遇到不如意的情况时，容易变得急躁，缺乏耐心，甚至可能发脾气。这种情绪爆发通常是由于他们未能达到自己设定的心理预期，或者感到自己的意愿受到了阻碍。值得注意的是，这类孩子的情绪表达方式往往比较直接，不会掩饰自己的情感。一旦产生负面情绪，他们会尽可能地表达出来，而不是压抑在心里。这种坦率的情绪表达方式虽然可能导致一些冲突，但也有助于他人理解他们的需求和感受。这种情绪反应往往是短暂的。一旦情绪得到释放和解决，他们会很快恢复到正常状态，并继续完成自己的事情。这种快速的情绪恢复能力是他们的一大特点，也是他们适应环境的一种方式。

TA 特质的孩子具有较强的理性特质。他们拥有坚定的主见，不易受到外界意见的左右。这种特质使他在面对挑战和困难时，能够坚持自己的立场，不容易屈服。然而，这种过于自信的态度有时也让他们显得武断。他们在思考问题时可能过于简化复杂情境，过度相信自己的判断能力，容易忽视他人的意见和建议。此外，他们喜欢争辩和竞争，难以忍受失败和挫折，容易以自我为中心，忽视他人的感受和需求。

尽管这些特质使他们在某些方面表现出色，但也需要学会在适当的时候调整自己的态度和行为，以更好地适应环境和与人相处。

TA 特质的孩子展现出强烈的竞争意识和求胜欲望，对于成功和表扬有着极高的敏感度。他们喜欢接受挑战，享受在达成目标后获得的成就感，并且渴望得到他人的认可和赞扬。然而，当面对失败和批评时，他们的情绪反应可能会比较激烈，这表明他们对于失败和挫折的容忍度较低，需要学会如何更好地应对和处理这些负面情绪。

他们在社交互动中易忽视他人的感受，更偏向于以自我为中心的思考方式。他们渴望成为众人注目的焦点，但往往行事果断，有时会显得一意孤行，不太顾及他人的情绪和反应。这种特质使得他们在人际交往中展现出较弱的同情心，更多地根据自己的喜好做事，而不是考虑他人的感受和需求。他们对自己的期望往往很高，同时也对他人有着严格的要求，这可能会让一些人觉得他们过于强势，不易接近。在追求成功的过程中，他们可能会忽视团队合作的重要性，过度关注个人的成就。这种以自我为中心的行为模式可能会影响到他们的人际关系。然而，这并不意味着他们无法改变或无法建立健康的人际关系。通过教育和引导，他们可以学会更加关注他人的感受，增强同情心，从而改善人际关系。同时，他们也可以通过团队合作和分享来学会倾听他人的意见，从而更好地发挥自己的才能。

具有 TA 特质的孩子，往往展现出较强的控制欲，习惯于主导环境。他们期望所有事情都能按照自己的意愿进行，显得很强势。尽管他们有着明确的目标和强烈的进取心，但有时候也会陷入过多的思考，导致在实际执行时显得犹豫不决。这种孩子往往拥有丰富的想象力和创新精神，但在将想法转化为实际行动的过程中，可能会遇到一些困难。他们可能需要额外的支持和指导，以帮助他们更好地将梦想变为现实。

他们表现出一种追求迅速成就和即时满足的倾向，往往渴望在短时间内看到结果，而难以坚持长期的目标。这种特点可能导致他们在面对需要耐心和持久性的任务时缺乏持续的努力和投入。

朋友家的女儿，拥有出色的钢琴天赋能力，然而，即便有着如此的天赋，孩子在学习钢琴的过程中也遇到了瓶颈。随着时间的推移，孩子渐渐对钢琴失去了兴趣，觉得每天的练习变得乏味无趣，她向父亲表达了自己的想法，希望能够停止学习。然而，作为父亲，他非常清楚女儿的潜力和能力，于是开始寻找方法重新激发她的兴趣。

了解女儿的特质之后，父亲制定了一个规划，他向孩子承诺，只要她坚持练习并达到一定的水平，就可以参加钢琴考级。这不仅是对她学习成果的一次检验，更是对她能力的一次挑战。而更令人期待的是，考完级后，家里会举办一场“家族音乐会”，邀请所有的亲戚好友共同见证她的成长和进步。

听到这个消息后，她每天坚持练习，不断提高自己的技艺。

终于，在考级的那一天，她以出色的表现顺利通过了考试。而随后的“家族音乐会”更是成为她人生中的一次难忘经历。

从此以后，她对钢琴的热情更加高涨，不仅坚持每天练习，还主动参加各种音乐活动和比赛，她的才华得到了更多人的认可和赞赏，她也因此变得更加自信和开朗。

而这一切的背后，都基于对孩子特质的了解，加上父亲的智慧和引导。作为家长，我们需要用心去了解孩子的特点。只有当我们真正了解他们时，才能找到最适合他们的教育方法，帮助他们发挥出自己的潜力。

作为家长，我们应该深入观察，发现 TA 特质孩子缺点背后的潜在优势。通过适时调整教育方式，可以帮助孩子更好地应对挑战，充分发挥其优势。这样的过程，不仅有助于孩子个性的全面发展，还能培养其坚韧不拔的品质，为未来的成长奠定坚实基础。

TA 特质的培养方向

朱光潜在谈《美感教育》一文中写道：“教育”一词在西文为 education，是从拉丁词 educare 来的，原义“抽出”就是“启发”。教育的目的在“启发”天性中所固有的求知、向好、爱美的本能，使这些本能尽量伸展。“能尽人之性则能尽物之性，能尽物之性则可以赞天地之化育。”教育的目的可以说就是使人“尽性”，“发挥性之所固有”，培养孩子就是要取其所长，因材施教。

TA 特质的孩子通常展现出强烈的竞争欲望、不怕挑战以及有明确的目标导向。因此，建议可以优先考虑参加运动类的兴趣班，特别是那些能够迅速决出胜负的运动项目。例如，乒乓球、羽毛球等，这类运动不仅能够满足他们追求竞争和胜利的渴望，还能在紧张刺激的比赛中锻炼他们的意志和毅力。通过参与这些运动，孩子们可以在实践中学习如何面对挑战、制定目标，并在竞争中找到自我提升的动力。

参加这些兴趣班，孩子可以收获三大益处。首先，这些活动通常设有明确的竞赛环节，孩子可以迅速体验到成功的喜悦，这对于激发他们的胜负感和积极性非常有效。其次，体育运动不仅能帮助孩子锻炼身体，还能提升他们的抗挫折能力，这是一个很好的机会去学会面对失败，并从中吸取教训。最后，对于天生精力旺盛、活泼好动的孩子来说，参加体育运动可以有效地消耗他们的能量，让他们在游戏中得到满足。这些兴趣班不仅有助于孩子的个人发展，还能让他们在愉快的氛围中学习和成长。

TA 特质的孩子语言表达能力很好，同时他们也有想象力和创造力，所以在演说、辩论、设计、主持方面等方向都可以发展。他们不喜欢一成不变没有及时反馈的学习方式，期望成为榜样，需要被欣赏，所以可以尽可能创造公开的机会让他们表达。他们是天生的演说家、辩论家，不断的高光时刻能增强他们的能力和信心。

他们逻辑思维能力也是非常不错的，所以学科竞赛类的，只要擅长，只要愿意，也是非常好的培养方向。

他们还展现出明确的目标导向和聪明才智，热衷于竞争，对于挑战充满热情。当家长为他们选择体育、竞技、竞赛或语言类的兴趣培养方向时，他们会像鱼儿得水一样游刃有余，迅速获得自我肯定，从而建立起坚定的自信心。这样的孩子，无论是在哪个领域，都有可能展现出卓越的表现和成就。

TA 特质的心理探秘

TA 特质的孩子通常具有一种独特的思考方式，那就是倾向于直觉思考。这种思考方式让他们能够迅速地把握事物的本质，看到问题的深层含义，他们的喜怒哀乐也相对较为明显，都毫不掩饰地展现在脸上。他们往往对于自我期许很高，对待目标和期望都会尽力追求。因此，当他们发现自己未能达成既定的目标时，内心的感受将积累。

然而，尽管可能外表看上去不同，但实际上，他们内心是渴望理解和沟通的。他们喜欢表达自己的想法和感受，愿意与他人分享自己的内心世界。这种开放和坦诚的态度，使得他们在面对压力时，能够找到有效的途径来释放和缓解。此外，他们通常也具备非常不错的抗压能力。

TA 特质的孩子可能表现出较为明显的反应和对目标的执着追求，但开放性和抗压能力使得他们在面对压力时，能够通过表达和沟通来减轻负担。他们的坚韧和乐观，使得他们在成长的道路上，能够勇往直前，不断超越自我。

面对的压力主要源自他们未能实现自我设定的目标，以及感到自己的声音未被他人倾听和理解，家长应当首先关注并释放他们的情绪，了解他们未能达成的目标。通过提问和倾听，他们可能会主动分享内心的想法和感受。给予他们空间去表达情感。当他们释放了内心后，会自然而然地恢复平静，并找到解决问题的途径。

总体来说，TA 特质的孩子通常具备独立的判断能力和明确的目标感，这使得他们在追求成果的过程中可能会面临一定的选择。当未能达到预期目标时，他们可能会表现出情绪。然而，值得注意的是，他们通常能够直接表达自己的情感和需求，不倾向于将问题积压。

对于家长来说，应避免采用掌控的教育方式，以免限制孩子表达自我和释放情绪的机会。相反，家长应鼓励孩子表达自己的想法和感受，并经常给予积极的表扬和肯定。这样的教育方式有助于培养孩子的自信心和情绪管理能力。

案 例

TA 哥哥和 AT 妹妹的故事：使用规则，体现呵护

在朋友家中，两个孩子的日常仿佛成了一场没有硝烟的“排位争夺赛”。老大，一个天生带有 TA 特质的小男孩，总是充满了竞争的热情和冲动。每当与妹妹在一起时，他的这种特质如同被点燃的火焰，熊熊燃烧。无论是玩具、食物还是父母的关注，哥哥总是想要占据更多的份额。他的眼神中透露出对胜利的渴望，如果妹妹有所反抗，会激发 TA 特质哥哥更多的争夺。

父母对此感到无奈和头疼，失败的妹妹往往会忍不住泪水，希望父母能为自己伸张“正义”。此时，父母总会温柔地安慰她，并劝说哥哥让着妹妹。然而，哥哥像是被触碰到了敏感的神经，父母在面对两个孩子时常常感到左右为难。

通过 ATMR 特质测评，发现哥哥具有 TA 特质，而妹妹则是 AT 特质。对于具有 TA 特质的哥哥，老大的头衔是至关重要的，因此父母在一些非原则的问题上让哥哥有充分的自主权和决策权，例如让哥哥制定和妹妹之间的物品规则，明确界定归属问题。对于共有物品，制定更适合的使用规则，这样哥哥有了掌控权和决策权后，反而会对妹妹有更多的照顾和呵护。

总之，了解了孩子特质之后，提前知道孩子的行为、思维和情绪惯性会比出现问题时仓促应对更为明智，这有助于维护家庭和谐，减少冲突。

03 分析均衡模式（MR）

MR 特质的天赋优势

MR 特质的孩子自幼便展现出了超乎寻常的同理心与同情心，他们仿佛天生就能站在他人的角度思考问题，设身处地感受他人的喜怒哀乐。在日常生活中，除非触及底线，否则他们总是能以一种平和的态度与人相处，擅长团结周围的人，并乐于伸出援手帮助他人。

在竞争激烈的环境中，他们或许并不显得特别争强好胜，但一旦团队需要，会毫不犹豫地贡献自己的力量，展现出强烈的责任感。这种责任感驱使他们在团队中扮演着不可或缺的角色，即使面临挑战，也能坚持到底。因为倾向于分析，所以他们在外在表现上，往往更偏向于深思熟虑，对待问题有着独到的见解，同时能够包容并理解不同的声音。他们执行力强，对于计划的制订与执行尤为重视，不喜欢突如其来的变动，更倾向于稳定与秩序。

性格温暖而贴心，对人极为包容，总能以一种善解人意的方式与人交往，他们的脾气通常很好，安静乖巧，给人一种如沐春风的感觉。在自我要求上，他们并不苛求完美，也不喜欢与人争斗，心态上更为随和，是家长眼中那个总是能让人放心的孩子。他们擅长与人及环境和谐共处，有时甚至会给人一种贴心的感觉，总能在团队中提供必要的支持与协助。相较于表达自己，他们更愿意倾听他人的声音。

在为人处世方面，显得尤为沉稳，无论是受到委屈还是受到表扬，他们都能以一种平和的态度去面对，不会有过激的反应。他们善于捕捉细微的变化，对待问题总是能够深入思考，这使得他们在团队中总能发挥出黏合剂的作用。和谐美满的关系对他们而言是一种无价的享受。他们喜欢以支持者的身份，默默助力团队取得成功，做事认真，坚韧不拔，注重细节，对于认定的事情，能够持之以恒地推进。

在团队中，MR 特质的孩子往往更倾向于倾听而非表达，他们的话语不多，但情感细腻，对他人情绪的感知能力极强。因此，在交流时，他们总是能够恰到好处地发言，同时也不忘倾听他人的声音。他们在团队中总是备受欢迎，与他们相处，总能让人感到舒适与自在。他们天生就具备协调关系的能力，能够包容他人，展现出极强的团队精神，因此，他们的人际关系也总是特别融洽。

当处于安全感充足的环境中时，他们会更加理性与讲道理，能够清晰地分析问题所在。一旦确定了目标，他们就会制订出详细的计划，并推动其执行，以一种稳健的步伐，向着目标迈进。他们无疑是未来团队中的佼佼者，他们的存在，将为团队带来无尽的温暖与力量。

MR 特质的劣势

MR 特质的孩子，在展现其独特魅力的同时，也会表现出一些潜在的劣势。由于 M 和 R 两种特质都倾向于深入分析，在面对选择时，容易陷入纠结的境地。他们习惯性地分析、思考，反复权衡利弊，不喜欢匆忙决定，总是想尽可能地照顾到每个人的感受。这种细腻入微的考虑，虽然体现了他们的体贴与周到，但也导致他们在决策过程中相对较慢，有时甚至显得有些优柔寡断。他们害怕犯错，宁愿多花时间思考，以致可能会错失良机。

此外，虽然在表面上往往给人一种波澜不惊的印象，实际上，他们的内心情绪起伏相当大。由于善于察言观色，包容他人，因此，他们也渴望得到同样的关怀。当这种渴望无法得到满足时，他们可能会感到沮丧或失落，产生较大的情绪波动。

在性格上，他们往往习惯于遵循既定的规则与流程。然而，当外在支持条件发生变化时，他们可能不善于变通，导致在做事时往往难以锁定结果，有时甚至会因为过于执着于原计划而错失更好的机会。

在学习新东西或制定目标时，MR 特质的孩子如果无法在一段时间内达到自己的心理预期，可能会显得比较急躁和情绪化。他们对于是否要坚持下去，往往会显得犹豫不决，缺乏果断的决策力。此时，如果家长想要持续激励孩子，保持他们的状态稳定，学习相关的专业知识就显得尤为重要。通过深入了解孩子的性格特质，家长可以更加有针对性地给予指导和支持，帮助孩子在学习上取得更稳定的表现。

另外，MR 特质的孩子通常不太懂得拒绝他人。即使心里不愿意，他们也会勉强接受。这种性格有时会使他们缺少主见，错失一些本可以争取到的机会。因此，家长需要引导孩子学会在适当的时候表达自己的想法，培养他们的主见和决策能力，帮助他们更好地应对生活中的挑战。

MR 特质的培养方向

鼓励深度思考与逻辑分析：鉴于孩子擅长逻辑分析，家长可以引导孩子参与更多需要深度思考的活动，如解谜游戏、逻辑推理题等，以提升其思维能力和解决问题的能力。

制订学习计划：利用孩子的计划性和执行力，帮助其制订详细的学习计划，并鼓励其坚持执行。同时，教会孩子合理安排时间，以提高学习效率。

培养自主学习能力：鼓励孩子自主学习，探索自己感兴趣的领域。家长可以提供必要的资源和支持，让孩子在探索中不断成长。

艺术与设计：鉴于孩子的艺术感知能力和同理心，可以鼓励其尝试绘画、设计、摄影等艺术活动，以表达自己的情感和想法。

音乐与书法：钢琴、书法等需要耐心和长时间练习的技艺，非常适合。这些活动不仅能培养孩子的耐心和毅力，还能提升其审美素养。

逻辑与策略游戏：乐高、围棋等逻辑与策略游戏，能够锻炼孩子的思维能力和决策能力，同时也有助于培养孩子的耐心和专注力。

选择耐力型运动：鉴于孩子不善于决策且做事较慢，可以选择一些不需要太强爆发力，但可持续锻炼、需要耐力的体育运动，如慢跑、游泳等。这些运动有助于培养孩子的耐力和毅力，同时也有助于缓解压力。

团队运动：鼓励孩子参加团队运动，如篮球、足球等。这不仅能锻炼孩子的身体，还能培养其团队协作能力和社交技巧。

培养自信心：通过鼓励孩子参与自己擅长的活动，并取得一定的成绩，来帮助其建立自信心。同时，家长也要给予孩子足够的支持和肯定，让孩子感受到自己的价值。

情绪管理：教会孩子如何识别和管理自己的情绪，以应对生活中的挑战和压力。家长可以与孩子一起探讨情绪管理的方法。

集体活动：多带孩子参加集体活动，如社区志愿服务、夏令营等，让孩子在集体中充分展现自己的包容特质，并学会与他人相处。

沟通技巧：鉴于孩子善于倾听和感知他人情绪，可以进一步培养其沟通能力，表达自己的想法和感受，倾听他人的意见等。

团队项目：鼓励孩子参与团队项目或活动，并担任一定的角色或职责。这不仅能锻炼孩子的团队协作能力，还能培养其领导力和责任感。

决策训练：虽然并不善于决策，但可以通过一些简单的决策训练来帮助孩子提升这方面的能力。例如，让孩子参与家庭决策过程，或者让其负责一些小事情的决策等。

综上所述，家长应该注重培养 MR 特质孩子的逻辑思维能力、艺术感知能力、耐心和毅力等，同时也要注意提升其决策能力、自信心和领导力等。通过全面的培养和教育，帮助孩子成长为一个全面发展、自信且有能力的人。

MR 特质的心理探秘

由于 MR 特质的孩子性格内向，不善于主动表达，不轻易外露，作为家长，需要主动去与孩子沟通，认可并理解他们的感受，只有这样，孩子才会愿意敞开心扉，分享他们的喜怒哀乐。

遇到不开心的事情时，他们的情绪并不像其他人那样明显，需要一段时间后才能冷静下来，重新思考问题。

此外，对于临时安排的事情或被提出无理要求时，虽然出于包容和理解会勉强答应，但当这种情况频繁发生，他们可能会逐渐感觉不到快乐。相比学习和做事，影响更大的其实是情绪和感受，他们往往更加在乎情感层面的体验，而非具体的事情本身。

当面临挑战和困难时，更需要家长的支持和协助，如果家长对孩子的求助信号视而不见，或者没有及时抓住孩子的“求助”时刻，那么孩子可能会感到孤立无援。因此，家长需要时刻保持警觉，关注孩子的情绪变化，及时给予他们必要的帮助和支持。

有时候 MR 特质的孩子可能过于在乎他人的感受，相较于事情本身，他们更加关注人与人之间的情感交流。面对冲突时，他们表现出较为敏感的一面。然而，当涉及团队荣誉或某些重要的人际关系时，他们却能够激发出强烈的斗志。因此，家长需要学会借助他人的力量，给予孩子充分的信任和陪伴，以构建他们内心的安全感。只有这样，孩子才能在面对挑战和困难时更加勇敢、坚定地走下去。

案例

TA 妈妈和 MR 女儿，孩子使父母更加完善

智慧老师，也是我们的城市合伙人，人如其名，优雅、智慧、有爱，在陪伴孩子成长的路上她也收获无数，这是智慧老师写下的她和女儿的故事：

当我的女儿呱呱坠地，我就开始梦想着成为孩子成长过程中的“神助攻”妈妈，我也相信只要自己努力，给孩子做榜样，孩子就一定优秀。在孩子不到 1 岁时，说话就非常清晰有条理，不论是否是熟悉的人，相处时总是爱笑，常常逗乐大家，基本不哭闹听话好带。别人都说孩子聪明可爱，我很是开心，在内心滋生出优秀的孩子更需要提前规划学习的想法。孩子 9 个月开始上早教班。从孩子幼儿园、小学阶段到初一，我以我的想法规划孩子的学习生活，从幼儿园开始就给她报各种补习班。那时的我认为，只要孩子成绩好就行，其他的不重要。

可来到初中后，孩子出现了各种不适应，尤其是在初二下学期总是闷闷不乐，时常担心自己考不上好高中，学习成绩也不稳定。那时的我，仍认为成绩不稳定就加强补课力度，班课不行就一对一补习，然而孩子不但成绩没有提升，情绪也越发低落，这让曾经自信的我越来越觉得无能为力。

幸运的是，我遇到了 ATMR 慧识人平台，我恍然大悟：原来我与孩子之间的教养方式出了问题，所有的"我以为"都是基于我 TA 的模式，而我的孩子是 MR，我跟她是典型的对冲特质模式，在对角线的两头，我们跟对方有 85% 的不同，一直以来，我在职场引以为傲的强势，都成了孩子巨大的压力。

这个结论给我"当头棒喝"，我深深地自责！从那时起，我开始沉下心来学习，几乎所有的双休日我都泡在学习中，用学到的方法结合孩子的特质，给她真正有意义的陪伴。

"相信相信的力量"，在科学方法的助力下，女儿发生了令人惊喜的正向改变。曾经敏感胆小的她越发勇敢而积极主动，很快跟上了初三快节奏的学习生活，学习成绩更是不断稳步提升，同时为了更好地与学校形成家校联动的优势模式。我主动跟老师沟通。在我与老师的鼓励和有效陪伴之下，女儿的努力卓有成效，考入了心仪的学校。

因为自己和女儿的成长收获，在我内心坚定了一个信念"用世界影响我的方式影响世界"，让每个人都能成为更好的样子。感恩孩子让我真正了解自己，深刻感悟到每个孩子都是天使，他们的使命是来完善父母的。

芳华待灼，履践致远。

04 分析均衡模式（RM）

RM 特质的天赋优势

RM 特质孩子的天赋优势在于他们那深邃而细腻的分析能力。他们倾向于深思熟虑，面对决策时总是显得从容不迫，能够全面而深刻地审视问题的各个层面。对于不同的意见，他们展现出极高的包容性，不仅愿意倾听，更会深入探究每个意见背后的本质，这种能力使得他们在团队中往往能扮演起智者的角色。同时，他们具备强大的执行力，对计划性尤为注重，不喜欢突如其来的改变和频繁的变数，这种稳定性让他们在复杂多变的环境中依然能够保持高效的工作状态。

在性格上，RM 特质的孩子显得尤为温和，他们不烦人、不惹事，总能与人及环境和谐共处。他们属于那种默默做事的类型，情绪波动不大，心思却异常细腻，总能以客观冷静的态度应对各种挑战。这种性格使得他们在团队中往往能成为稳定军心的存在。

在智力发展上，RM 特质的孩子逻辑缜密，善于分析，思考问题时有自己独特的见解和想法，且总能讲道理、摆事实，善于从纷繁复杂的信息中抽丝剥茧，找到问题的症结所在。坚韧和耐力使得他们在面对难题时总能坚持不懈，爱分析、爱钻研的他们通常都能全面、系统、客观地看待问题。因此，在学习理科如数学、物理、化学等方面，他们往往能展现出卓越的天赋，取得令人瞩目的成绩。

在情绪管理上，RM 特质的孩子显得尤为稳重，他们不喜欢竞争性强的环境，也不会刻意去结交朋友，但与他们相处的人都能感受到他们的和谐与友善。深交的朋友并不多，一旦认可了一个人，他们往往会与之保持一生的友谊。这种对友情的珍视和执着，使得他们在人际交往中总能赢得他人的尊重和信任。

在性格塑造上，勤奋上进、脚踏实地，他们喜欢自己的事情自己做，不依赖他人。这种独立自主的能力使得他们在面对生活和学习中的挑战时总能游刃有余。同时，他们的抗挫折能力也相当不错，做事情总是理性先行，先确定目标，然后以目标为导向，经过缜密细致的分析，列出做事计划，条理清晰。他们扛得住压力，喜欢持续坚持的结果，这种坚韧不拔的精神使得他们在长期坚持的过程中总能显现出独特的优势。

此外，因具备强烈的探索欲和研究精神，他们喜欢去探索事物的本质，研究复杂关系的核心，对于一件事情总是会刨根问底。这种求知欲和钻研精神使得他们在学术和科研领域往往能取得不俗的成就。虽然他们不太擅长表达自己的情感，但他们的责任感和承诺精神却让人深感敬佩。一旦他们答应了某件事情，就一定会全力以赴去完成，这种自律和守信的品质使得他们在生活和工作中总能赢得他人的信赖和尊重。

总体来说，RM 特质的孩子在多个方面都展现出卓越的天赋和优势，客观理性、勤奋上进、坚韧不拔、责任感强。这些品质使得他们在未来的生活和工作中定能取得非凡的成就。作为家长，我们应该充分了解并尊重孩子的这些特质，给予他们足够的支持和引导，帮助他们更好地发挥自己的潜能，创造属于自己的辉煌人生。

RM 特质孩子的劣势

RM 特质的孩子，虽然拥有诸多令人钦佩的优势，但同时也伴随着一些潜在的劣势，这些劣势往往源于他们深思熟虑、追求完美的性格特质。

由于思考得较多，他们在行动上往往显得有些迟缓。他们不会立刻采取行动，而是倾向于反复思考，力求找到最佳的方法后再去行动。这种完美主义的倾向使得他们在处理事情时容易耗费过多的时间，尤其是在学习方面。如果家长不了解这一特点，可能会误解孩子为磨蹭拖拉，但实际上，他们只是在深思熟虑，以确保自己的行动尽可能完美。

此外，他们在面对未知情况或新事物时，往往缺乏整体的掌控感。他们不喜欢临时改变计划，因为这会打乱他们原有的思考节奏和行动步骤。当遇到未知或变化时，他们可能会表现出畏难，甚至逃避，这主要是因为他们缺乏对新事物解决方法多样性的认知。当事情的条件发生变化，而他们又不知道替代方案时，这种畏难情绪会更加明显。

在性格上，RM 特质的孩子有时显得过于固执。他们相信自己的思考，一直坚持自己的想法，不容易接受别人的建议。他们喜欢稳定，不喜欢变化，在做事情时往往不容易变通。这种不变通的特点在他们面对难题时尤为明显。例如，做试卷时，如果遇到不会的题目，他们会选择死磕到底，而不愿意跳过去做其他题目。在他们眼里，往往只有一道题一道题的概念，而没有整张试卷的整体观念。这种不变通的行为往往会给老师和家长留下深刻的印象，甚至会让家长感到难以理解。

除了不变通外，他们在适应性方面也略显不足。进入陌生环境时，他们会先不动声色地观察，并做出自己的判断。只有当他们觉得没问题时，才会尝试融入群体中。虽然他们独处时也能自得其乐，但这种对新环境的谨慎和观望态度有时会影响他们的社交能力，同时，不喜欢被轻易改变计划。面对突然的改变，他们往往不能及时跟上节奏，有时会显得犹豫、纠结。这使得他们在处理一些需要快速应变的事情时可能会感到力不从心。

综上所述，RM 特质的孩子虽然拥有许多令人羡慕的优势，但同时也伴随一些潜在的劣势。作为家长和老师，我们需要充分了解他们的这些特点，给予他们足够的支持和引导。在帮助他们发挥优势的同时，也要关注并引导他们克服这些劣势，以使他们能够更好地适应未来的学习和生活环境。

RM 特质的培养方向

深度学习与探究：鉴于孩子逻辑分析能力强且喜欢探究事

物本质，鼓励其参与需要深入思考和解决问题的学习活动，如科学实验、数学探究等。

计划性与执行力：利用孩子的计划性和执行力，帮助其制订详细的学习计划，并鼓励其坚持执行，同时教会其如何根据进度灵活调整计划。

追求完美与细节：引导孩子在学习上注重细节，培养精益求精的态度，但同时也要教会其适时放手，避免过度纠结于细微之处。

发现真正的兴趣：家长需耐心陪伴，通过观察、对话及测评等方式，帮助孩子发现真正的兴趣爱好，而非盲目跟风报班。

纵向培养：针对孩子的思考偏好，推荐编程、围棋等需要深度思考和逻辑推理的活动，这些活动既能满足其探究欲，又能锻炼其思维能力。

艺术与创作：鼓励孩子在写作、设计、音乐、美术等领域尝试，这些活动能够让孩子在安静思考中细腻地表达情感，发挥其感知力优势。

策略性运动：推荐孩子参与需要策略规划和团队合作的运动，如棋类运动（国际象棋、围棋）等，这些运动能锻炼其逻辑思维和团队协作能力。

适应性训练：虽然孩子循规蹈矩，但可以通过参与一些需要灵活应变和适应新环境的运动，如户外探险、定向越野等，来提升其适应性。

自信建立：通过鼓励孩子参与演讲、辩论等活动，培养其演说能力和表达能力，增强其自信心。

情绪管理：教会孩子如何识别和管理自己的情绪，特别是当遇到挫折或失败时，如何保持乐观和坚韧不拔。

倾听与表达：鼓励孩子在人际交往中多倾听他人的想法，同时也要学会表达自己的观点和感受，以建立更健康的人际关系。

团队合作：利用孩子的同理心和责任感，引导其积极参与团队活动，学会在团队中发挥自己的优势，支持他人，共同成长。

决策能力：培养孩子的决策能力，让其在面对选择时能够冷静分析，做出明智的决策。

团队协调：鼓励孩子在团队中承担协调者的角色，利用其逻辑思维和包容性，促进团队成员之间的沟通和合作。

综上所述，家长应注重培养 RM 特质孩子的深度思考、计划执行、艺术创作、策略运动、自信建立、人际交往及领导力等方面的能力，同时尊重其个性特点，引导其找到真正的兴趣所在，实现全面发展。

RM 特质的心理探秘

由于偏向于冷静分析，RM 特质孩子的情绪波动不大，抗压力不错，压力主要会来自环境的变化和计划被打乱。他们不喜欢主动表达，所以心里有什么不痛快的事情，自己默默思考消化。他们喜欢思考，喜欢稳定的计划安排。

他们偏向于冷静分析，情绪波动因此显得相对平缓，这种特质赋予了他们出色的抗压能力。然而，当环境发生剧变或精心规划的计划遭遇打乱时，也会泛起层层涟漪。

他们对思考有着近乎痴迷的热爱，稳定的计划安排为他们提供了无尽的安慰与安全感。

然而，正如每片湖泊都有其暗流涌动，他们有时会陷入思考，对外界充耳不闻。这既是他们的魅力所在，也是他们需要面对的挑战。

在抗压能力方面表现出色，即使面对自己不喜欢的事情，出于包容与理解，他们也会选择照做。但值得注意的是，这种妥协是有限度的。临时性的要求或许可以接受，但长期违背认同的事情，却会让他们感到不快乐。对他们而言，认同感与意义感至关重要。无论是学习、生活还是交朋友，事情的对错远比其好坏更为重要。

开导孩子时，需深入了解他们内心的真实想法，理解他们对事情的看法。家长切勿急于批评，而应稳住情绪，引导他们将心里话倾诉出来。随后，肯定他们的判断，通过提出问题与具体事例来启发他们，让他们自行找到正确的道理，自行思考事情的对错。

在教养方式上，“榜样引导”是核心关键词。家长应以身作则，在待人接物、大是大非等方面为孩子树立正确的榜样。在引导兴趣培养时，可以借鉴名人事迹，告诉孩子事情的意义与有趣性，避免用枯燥的学习方式束缚他们的思维。

这样便不再有障碍，能推动孩子不断前行。通过深入理解与引导，我们可以帮助其更好地认识自己，发挥他们的优势，克服挑战，走向更加美好的未来。

案例

AT 妈妈与 RM 孩子，从迷雾到明灯

这是一个学员分享的与 RM 孩子的故事：

在我成为母亲的那一刻起，我以为自己已经做好了准备，用满腔的爱去浇灌这个新生命。然而，现实像是一场突如其来的风暴，让我措手不及。我是一个典型的 AT 特质的妈妈，行动迅速、情感丰富，喜欢直截了当，有时甚至显得有些强势和情绪化。而我的儿子，是一个典型的 RM 孩子，他像是夜空中最安静的那颗星，做事慢条斯理，每一步都经过深思熟虑，他享受独处，对计划有着近乎偏执的执着，那些在我看来微不足道的细节，却是他世界里的重要组成部分。

记得一个周末的早晨，我满怀激情地计划着全家出游的行程，希望能给孩子一个难忘的回忆。然而，当我兴奋地向他宣布这个计划时，他却淡淡地回应了一句："我需要先看一下时间表，确认一下作业和兴趣班的时间。"那一刻，我仿佛被浇了一盆冷水，心中的热情瞬间熄灭。我开始感到不耐烦，试图说服他，他却坚持己见，丝毫不为所动。我们的对话最终以我的愤怒和他的沉默告终。

类似的场景在我们的生活中不断上演。我试图用我的方式去爱他、教育他，却总是换来他的抵触。学习上，我们的节奏更是南辕北辙。

临近期末考试，我焦急万分，希望儿子能取得好成绩。

于是，我为他制订了详细的复习计划，要求他每天完成大量习题。然而，儿子显得力不从心，他更倾向于按照自己的方式逐步复习，注重理解和掌握知识点。

“你为什么不能按照我的计划来？这样复习效率才高！”我焦急地催促道。

“妈妈，每个人的学习方式不一样，我需要时间思考和理解。”儿子解释道。

但我听不进这些，我认为他是在为自己的拖延找借口。于是，我加大了监督力度，甚至在他休息时也不忘提醒他学习。最终，这种高压政策不仅没有达到预期的效果，还起了反作用，他的成绩不升反降。

这一系列冲突带来的严重后果远不止于此。随着时间的推移，儿子对我的信任逐渐崩塌，他开始拒绝与我交流，宁愿一个人躲在房间里也不愿与我分享他的心事。我们之间的隔阂越来越深，家庭氛围也变得沉闷而压抑，我感到自己越来越无力，也越来越痛苦。

在我要被这份无力感吞噬时，我学习了“战略养娃”的课程，我仿佛打开了一扇新世界的大门。我开始理解，每个孩子都是独一无二的，他们拥有各自的性格特质，而这些特质并无好坏之分，关键在于我们如何理解。

我是 AT 特质，儿子是 RM 特质，这两种截然不同的性格特质，在我和儿子身上得到了淋漓尽致的体现。我意识到，我之前的教育方式，不过是将我的价值观强加于他，忽略了他的真实需求和感受。我开始学习如何放慢脚步，倾听他内心的声音；学习如何给予他足够的空间，让他按照自己的节奏成长。更重要的是，我学会了控制自己的情绪，用更加平和、理性的态度去面对我们的分歧。

之后，我们的关系发生了翻天覆地的变化。我不再是那个急躁、强势的妈妈，而是变成了一个能够耐心引导、温柔陪伴的伙伴。我开始尝试将大目标分解成小目标，与他一起制订学习计划，每一步都充满了鼓励和支持。我发现，当我真正理解了他的需求，给予他足够的自由和尊重时，他真的发生了很多神奇的变化。

首先，他变得更加自信和独立了。过去，由于我总是急于求成，给他设定了许多短期目标，导致他常常感到压力重重，甚至有时会产生挫败感。现在，我学会了将大目标分解成小目标，并鼓励他按照自己的节奏去完成。这样的变化让他感受到了掌控自己学习的力量，也让他更加相信自己能够克服困难，实现目标。

其次，他的沟通能力有了显著的提升。以前，他不太愿意与我分享自己的想法和感受，因为觉得无法被我理解和接纳。现在，随着我们之间关系的改善，他更愿意敞开心扉，与我分享他的喜怒哀乐。这种顺畅沟通不仅加深了我们之间的亲子关系，也让他在处理人际关系时更加得心应手。

最后，他的学习成绩也有了稳定的提升。过去，由于我过于急躁和情绪化，常常在辅导他功课时失去耐心，导致他学习效果不佳。现在，我学会了控制自己的情绪，用更加平和、理性的态度去帮助他解决问题。同时，我也根据他的学习特点，制订了更加科学合理的学习计划。这些努力让他的学习变得更加高效和有序，他的成绩也因此稳步提升。

如今，我们的家庭氛围变得前所未有的和谐。儿子不再抗拒与我交流，他会在完成计划后兴奋地与我分享他的成就和喜悦。而我也在这个过程中学会了如何更好地爱自己、爱家人。我们之间的相处，不再是冲突与对抗，而是相互理解和支持，共同成长。

这段经历让我深刻体会到，教育需要我们不断地学习、反思和成长，学会用更加智慧和慈爱的方式去爱孩子，去经营自己的家庭。

第5章 爱ta更要懂ta

——单一模式

01 “单一左脑”模式（TR）

TR 特质的天赋优势

TR 特质的孩子从小就展现出明确的目标导向和行动力强的特点。他们一旦决定要做什么，就会立刻付诸行动，不拖延、不犹豫。这种坚定的决心和高效的执行力将使他们在追求目标时具有显著的优势。他们非常重视责任和计划，会尽自己的最大努力完成任务，并且对自己的行为负责。这种责任感和担当精神将使他们在学习中表现出色，成为值得信赖的团队成员或领导者。

除此之外，TR 特质的孩子还展现出了理性型的思维。他们看待事物时更注重事实和逻辑，而不是个人的情感或感受。这种客观、理性的思维方式将使他们在解决问题和做出决策时更加准确和明智。

TR 特质的孩子展现出强烈的目标导向和坚定的决心，他们一旦设定了目标，就会毫不动摇地追求，并发挥其出色的坚持力和耐力。在通往目标的道路上，表现得极其坚韧，愿意接受各种挑战和困难，不轻易放弃，他们不仅拥有承受失败的勇气和决心，还会从失败中吸取教训，继续坚持尝试，直至成功。对于他们而言，任何想要达成的目标，都会倾尽全力去实现，不畏艰难，不惧挑战。

TR 特质的孩子表现出强烈的自主性和领导力，在同龄孩子中往往扮演着引领者的角色，而在家庭中，他们也常常展现出一种小领导的气质。从日常生活的点滴细节，如决定做事的顺序、选择出门的服装颜色，到规划去哪里玩耍，他们都会坚持自己的主张，并期待家人能够尊重并听从他们的决定。

一旦他们确立了目标，无论是出于个人兴趣还是其他动机，他们会迅速采取行动，全身心投入。他们拥有坚定的决心和毅力，即使在面对困难和挑战时，也不会轻易放弃自己的目标。他们愿意为了达成目标付出努力，展现出令人钦佩的坚持和执着。

他们通常展现出非凡的逻辑分析能力，善于从复杂的情况中抽丝剥茧，找出问题的核心，并提出富有见地的解决方案。他们不仅注重事实真相，更乐于深究事物的本质，表现出对事物本源的浓厚兴趣。在交流和表达方面，他们条理清晰，言辞犀利，往往能迅速把握要点，直截了当地表达自己的观点。

在学习和生活中展现出极高的自我驱动力，他们目标明确，计划周详，以结果为导向，不轻易为困难和挑战所动摇。即便面临压力和挫折，他们也能迅速调整策略，保持冷静和理性，继续朝着目标前进。这种坚韧不拔的精神使得他们在学业上往往能取得优异的成绩，成为同学中的佼佼者。

在面对权威时，他们往往能保持独立和自信，不畏权威，勇于表达自己的观点。他们认为正确的观念会坚持，即使面对父母或老师的质疑，也能据理力争，展现出强烈的自我意识和独立思考能力。

逻辑严谨、善于分析、目标坚定、勇于挑战，他们在学术和生活中都展现出非凡的潜力。

TR 特质孩子的劣势

TR 特质的孩子通常表现得非常执着，对自己所认定的事物持之以恒。这种坚定的态度使他们在面对困难时，往往表现出不屈不挠的斗志。然而，这种过度坚定的态度，有时也会让他们在面对不同意见或批评时，难以妥协。

此外，TR 特质的孩子往往对自己充满了自信，甚至显得有些自负。他们对自己的能力和判断有着极高的信任，这种自信使他们在面对挑战时，能够勇敢地迎接并尝试超越。然而，过度的自信也可能导致他们忽视他人的建议，甚至在决策时过于轻率。

TR 特质的孩子还有一个显著的特点，那就是他们喜欢竞争。在他们看来，竞争是展示自己能力和观点的有效方式。然而，这种竞争的性格，有时可能会让他们在与他人交往中显得具有攻击性，从而引发冲突和矛盾。在团队或社交环境中，他们可能会因为坚持己见，而与他人产生摩擦和冲突。他们可能会因为过度关注自己的利益，而忽视了团队的整体利益或他人的感受。这种行为，如果长时间持续，可能会对他们的社交关系产生负面影响，甚至可能导致被孤立。

TR 特质的孩子，控制欲比较强。为了获胜，他们希望尽可能多的控制一些因素，所以对自己和别人的要求都很高。同时，做事情时，喜欢单刀直入，抓重点、抓关键，相对来说，不会迂回，所以在与人沟通方面，缺乏弹性，甚至用争论的方式表达。

有时可能会显得缺乏耐心，因为他们希望一切都能按照他们的计划进行，然而当事情的发展不符合他们的预期，或者他们面临困难和挑战时，可能会变得焦躁不安，难以保持冷静。

这类特质的孩子通常具有很强的目标导向性，他们会为自己设定明确的目标，并努力追求这些目标。然而，当目标无法达到时，他们可能会感到沮丧和失望。他们可能会感到自己的时间和努力被浪费，这种感受可能会加剧他们的急躁心情。

TR 特质的培养方向

有人问鹰："为何选择高空来引导你的后代？"鹰深思后答："若我在地面教诲，它们成年后，岂敢向太阳展翅？"对于拥有 TR 特质的孩子，他们如同搏击长空的小雄鹰，需要我们引导飞向更高的目标，激发他们的潜能。在教育过程中，我们必须像鹰一样，明智地选择教育方式，让孩子有勇气追寻光明，挑战未知。

挑战性学习内容：鼓励孩子参与具有挑战性的学习内容，如高级编程课程或科学研究项目。这些内容能够激发他们的求知欲，同时锻炼他们的逻辑思维和问题解决能力。

自主学习计划：引导孩子制订自主学习计划，培养他们的自我管理和时间管理能力。让他们学会如何高效地学习，并在达到目标后给予及时的正面反馈。

辩论与演讲：利用孩子出色的语言表达能力，鼓励他们参与辩论和演讲比赛。这不仅能提升他们的口才，还能增强他们的自信心和领导力。

创意写作：鼓励孩子尝试创意写作，通过文字表达自己的想法和感受。这有助于培养他们的创造力和想象力，这也是一种很好的情绪释放方式。

竞技类运动：如篮球、足球、乒乓球等，这些运动能够迅速为孩子提供明确的正反馈，激发他们的胜负欲，并锻炼他们的团队合作和领导能力。

情绪管理：虽然孩子抗压性强，但仍需教会他们如何正确管理和表达自己的情绪。

积极心态培养：鼓励孩子保持积极的心态，面对困难和挑战时能够保持乐观和自信。可以通过分享成功人士的故事或进行正面心理暗示来培养他们的积极心态。

团队合作：引导孩子参与团队活动，如小组项目或社区志愿服务等。这有助于培养他们的团队合作精神和沟通能力，同时让他们学会如何在团队中发挥自己的领导力。

倾听与尊重：教育孩子学会倾听他人的意见和感受，并尊重不同的观点和想法。这有助于提升他们的人际交往能力，并使他们成为更加包容和理解的领导者。

组织活动：鼓励孩子在学校或社区中组织活动，如班级聚会、志愿服务项目等。这能够锻炼他们的组织能力和领导力，同时让他们学会如何调动和激发团队成员的积极性。

领导力培训：为孩子提供领导力培训机会，如参加夏令营等。这些活动能够系统地提升他们的领导力水平，并让他们结识更多志同道合的朋友。

TR 特质的心理探秘

倾向于逻辑思考，这使得 TR 特质的孩子在处理问题时表现得相对客观和理性。然而，在面对压力时，尤其是当未能达到预定目标或事情发展超出预期计划时，他们可能会表现出情绪。这主要源于对结果的不确定性和对控制感的渴望。尽管如此，由于他们具备良好的表达能力和抗压能力，通常能够有效地调整自己的心态，为自己加油鼓劲。

有强烈的自主性和坚定的个人兴趣，他们明确知道自己喜欢什么，不喜欢什么，并且坚决不会去做那些不符合自己兴趣和价值观的事情。即使面对外界的压力或要求，他们也会以负责任的态度去应对，暂时妥协并完成任务。然而，这种妥协是有限度的。有强烈的内驱力和自我实现意识，他们更倾向于追求自己真正热爱和感兴趣的事物，因此理解和尊重他们的兴趣和选择至关重要。这将有助于培养他们的积极性和创造力，同时也能促进他们的健康成长和发展。

倾向于追求短期成果，并对自己的计划和策略充满自信，他们倾向于按照自己设定的路径行事，期望一切尽在掌控之中。作为家长，我们需要学会如何有效地引导孩子，帮助他们学会放松，以应对生活中的不确定性和变化。

具备独立的判断能力，能够形成自己认可的目标感，并习惯于掌控，对他们来说，所做的事情必须有意义。

TR 特质的孩子倾向于直接表达自己的情绪，不太会将不满或问题积压在心中，这种直接的表达方式有助于他们释放压力。同时，他们通常采取对事不对人的态度，事情一旦过去，他们通常能够释怀，不会过分纠结于过去的失败或挫折。

总体来说，TR 特质的孩子具有积极应对压力的能力，能够直接表达自己的情感，并倾向于以积极的方式解决问题。这种特质有助于他们在面对挑战时保持冷静。

案例

TR 妈妈和 TR 女儿：唤醒自驱，赢得未来

安心老师是一位美貌与智慧并存的妈妈，曾经是风光无限的主持人。因为家庭教育的原因，她在 6 年前来到了“战略养娃”的课堂，成为一名解决家庭问题的实战派专家。这是她写下的和女儿的故事：

31 岁那年，我有了天使般可爱的女儿。和每一位妈妈一样，我渴望把一切最好的东西给孩子，希望拼尽自己的全力为她打造一个没有风险的未来。从孩子 1 岁开始，我就给她报各种早教班，2 岁开始学英语和舞蹈，3 岁开始学习数学和逻辑思维……我使出浑身力气去培养孩子，对年仅 3 岁的孩子严格要求达到了苛刻程度。那个时候，我只要听到其他

家长说："我们家孩子都已经会……"我马上会把女儿拉出来对标，希望她一切都能做到最好。如果女儿做不到，我瞬间情绪失控，甚至暴怒。现在回想起来，我很自责。女儿经常被我训斥，常常哭得浑身发抖……我自己成了女儿最讨厌的妈妈。我想改变，我一定要改变。

正是因为在 ATMR 慧识人平台系统的学习，我了解了自己的 TR 模式和女儿的 TR 模式，开始用滋养和赋能的方式来跟女儿相处。原来常挂在嘴边"反向形成"的"不要粗心，不要拖拉"等话语，变成了"你已经很好了，如果再细心一点就更好了"等赋能正向的语言。我从一个曾经焦虑、暴躁、强势的妈妈变成如今温柔、赋能、包容而有力量的妈妈。前不久，8 岁的女儿获得了"希望之星"英语演讲比赛江苏省一等奖。这是她第一次参加大型比赛，在江苏省半决赛的关键时刻，她一度高烧咽喉发炎，强忍着身体的不适，以极强的意志力圆满完成比赛，并进入了江苏省总决赛。

TR 特质的孩子是有较强思维的孩子，他们喜欢与优秀的人在一起，从他们身上学习到宝贵的经验，进而让自己越来越好。

因此，做他们的父母是一件很有挑战的事情，首先自己优秀。因为，想在 TR 宝贝心里有影响力，父母要先成为他们认可的强者。例如，在事业上取得了什么样的成就，在社会公众领域有怎样的影响力……都直接影响着我们与 TR 宝贝的亲子互动，尤其是在孩子进入青春期以后。

我的女儿涵钰是一个典型的 TR 特质孩子，从小很有主见。幸运的是，在她 5 岁的时候，我看懂了她的模式——喜欢跟随强者。因此，作为母亲，想要像灯塔一样引领她的成长，需要自己越来越优秀，我在学习上不断精进突破，在事业上也是一路高歌猛进。

正是因为成为女儿的偶像妈妈，所以在家庭生活中，我总是对她格外有影响力。涵钰经常会翻看我的朋友圈，给我的朋友圈点赞，甚至会把我朋友圈记录的一些所思所想、名人警句、小案例记录下来，和我一起讨论。

上周末的一天，我带着女儿去抓娃娃，约定好的规则：100 块钱换 140 个币，用完就走，绝不恋战。

女儿玩得非常开心，穿梭于娃娃机之间。有的娃娃机需要投 2 个币，有的娃娃机需要投 3 个币，女儿总是会根据自己的规划合理分配。一转眼，140 个币就要用完了。这个时候，她意外地发现了角落里新增加的冰激凌娃娃机，2 个币就能有机会夹到一个冰激凌。于是，女儿兴趣盎然地玩起来，接连试了好几把，直到已经把冰激凌夹到了出口旁边，又一个打滑掉下去了。如果再抓一次，也许这个冰激凌就是她的了。

这个时候，140 个币只剩下最后 1 个了。按照游戏规则需要2个币才能抓一次。女儿是个很会遵守共识的孩子，想到今天夹娃娃的预算100元已经花完，她怏怏地看了看已到门边的冰激凌，扭头向收银台走去。本以为她准备把装币的篮子放回去，没想到她从篮子里拿出最后1个币，递给工作人员说：“叔叔，我只有1个币了，夹不了娃娃，把这个币留在你这儿吧，如果有其他的小朋友也只有1个币，你记得把这个币送给他哟，他就可以再夹一次了”。工作人员拿着这个币，愣愣地看着眼前的这个小姑娘，突然开心一笑说：“小姑娘，你太棒了，叔叔奖励你1个币，看看能不能创造奇迹哦。”女儿开心极了，感谢了工作人员，带着2个币回到了冰激凌娃娃机。奇迹真的出现了！这一次居然稳稳地把冰激凌夹了出来。

看到了这一幕的我，又惊又喜，问女儿：“宝贝，妈妈真的要给你点赞哦！而且妈妈很好奇，是什么原因让你想把那个币留在这里送给其他小朋友的呀？”涵钰吃着冰激凌开心地说：“妈妈，你忘了吗？用付出的方式去获得，用给予的方式去获取。送人玫瑰手留余香！不是你朋友圈发的吗？！”

…………

此刻，我再次被心智养育的理念深深震撼。“心智养育，唤醒自驱，赢得未来”，又一次无比具象化地出现在我的面前。

我知道，如果不是遇见了 ATMR，强势霸道的我一定会用“我以为”的方式，亲手折断孩子的“天使翅膀”。

正是因为自己和家庭的成长与收获，今年 4 月，我正式离开了从事近 20 年的主持人岗位，全身心投入 ATMR 慧识人平台的事业中。

愿更多的人如我一般幸运，爱孩子，懂孩子，开启心智，收获富足喜悦的人生。

02 "单一左脑"模式（RT）

RT 特质的天赋优势

RT 特质的孩子比较理性，逻辑性好，他们有目标感，对于认定的目标能够坚持，在实现目标的路上非常坚韧。有耐力、能够接受挑战，自己想要的事物，会想尽办法去完成和达到，执行力很强，凡事有交代，说到做到。

逻辑缜密，善于分析，思考问题的时候，他们有自己的想法和见解。比较讲道理，善于分析总结找方法，他们能迅速找到问题的客观原因。非常坚韧有耐力，爱分析爱钻研，他们通常都会全面、系统、客观地看待问题。一般学理科会非常有优势，数学、物理、化学等，孩子都能很容易取得不错的成绩。

抗挫折能力很强，做事情很理性，他们会先确定目标，然后以目标为导向，经过缜密细致的分析，列出做事计划。条理清晰，扛得住压力，喜欢不断获胜的结果，即使遇到了困难，他们能及时调整目标，调整方法。除非差距过大，一般而言，他们不会轻易放弃自己设定的目标，也愿意坚持不懈，所以在学习上，他们特别容易拔尖。

RT 特质的孩子探索欲很强，喜欢去探索，他们喜欢研究事物的本质，喜欢找原因，一件事情一定会刨根问底，思考比较多，比较深刻，常常让家长觉得孩子有些早熟。

非常有责任感，答应的事情，一定会完成承诺，他们比较让家长省心。只要是他们认可的事情，想做的事情，会非常自律地去完成，不太需要家长过多关注或者催促；很注重自己的承诺，除非不答应，一旦答应，一定会完成。

他们很有主见，独立自主，一旦制订了计划，确定了目标，是自己想做的，会马上行动，全力以赴。即使有困难，也会根据自己的节奏完成，有自己的主意，也不会轻易放弃目标。不惧怕比赛，他们渴望获得胜利，所以适当的压力，反而会激发起他们的决心。一旦想做一件事情，他们会竭尽全力，遭遇失败的打击，也不会特别气馁。他们非常有自信，有自己的独立人格，认为自己只要认真去做，一定可以完成，行动力比较强。

目标感清晰，他们对于认定的目标能够坚持，在实现目标的路上非常坚韧、有耐力且愿意接受挑战；对于目标有自己的计划，路径清晰，即便暂时遇到了困难，也能在家长或老师给出合理化建议和批评后，继续坚持，一次次尝试，甚至遭遇失败的打击也不气馁。自己想做的事务，想尽办法去完成和达到。

专注力很好，当他们投入做一件事情的时候，非常专注，可以沉浸在自己的世界中，意志集中，仿佛全世界的喧嚣都被隔绝在外，完全不受外界的干扰。

RT 特质的孩子很讲道理，家长给定规矩或者批评，只要家长说的是有道理的，他们一般都能平静接受，因为他们天性是客观理性的；一般不会有太多额外的负面情绪，在孩子看来，对就是对，错就是错，接受了再去改正，是很正常的一件事。

RT 特质孩子的劣势

RT 特质的孩子，因为想得比较多，所以做事情不会立刻行动，有点完美主义倾向。他们不喜欢犯错，所以会反复思考，希望能够分析出最好的方法再去做，很容易在一件事情上耗费太久的时间。学习上，家长如果不明白这个道理，会认为孩子怎么这么磨蹭，其实他们只是思考得太多。举个例子，我有个朋友的孩子，典型的 RT 特质，做事情非常讲究完美。有一次我们出去吃饭，饭店给他的儿童餐盘，由于用了很久，餐盘中间有一个小黑点，怎么擦也擦不掉，他就不接受，一直闹，非要换一个新的。这就是完美主义倾向。

这一特质的孩子，做事情有的时候太固执，太相信自己的思考，所以会一直坚持自己的想法，不太容易接受别人的建议。因为他们喜欢稳定，不喜欢变化，所以相对应的，做事情的时候，不容易变通，容易钻牛角尖。

他们做事比较慢，尤其是不熟悉的领域，面对新事物的时候，或者自己没有把握的前提下，非常想做到完美，想做到面面俱到，思考得太久，会在脑海中不断推演，推迟行动，有时候因为想太多而错过很多机会。

因为有完美主义倾向，所以他们对自己和对别人的要求都比较高。当别人做错事或者没做好的时候，他们不会在意别人的感受，会直来直去地批评，甚至苛责。

他们的同情心没有那么强，在乎事情远远超过在乎人；做事的时候，更多是按照自己的计划来，不太会去包容别人的想法。他们更多关注目标的顺利完成，对于别人的感受不是很在意，所以往往会有一部分人会觉得他们很强势，不是很喜欢与他们交朋友。在人际关系中，他们的朋友没有那么多。

RT 特质的孩子，控制欲强；对自己和别人的要求都很高；在与人沟通方面，会有些缺乏弹性。

RT 特质的培养方向

RT 特质的孩子拥有仔细钻研的精神，一旦下定决心做某件事情，可以完成很好的结果。以下是一些具体的培养建议：

深入探索：鼓励孩子在学习上深入钻研，不仅仅满足于表面知识，而是要追求更深层次的理解和掌握。可以提供一些具有挑战性的学习材料，如高级数学、物理或计算机科学教材。

目标设定：与孩子一起制定明确的学习目标，并帮助他们制订实现这些目标的计划，这有助于培养他们的目标感和计划性。

探索与发明：引导孩子参与一些探索性和发明性的活动，如科学实验、手工制作、模型搭建等，这些活动能够锻炼他们的创造力和实践能力。

科普与逻辑：鼓励孩子参加科普类的兴趣班或活动，如编程、围棋、奥数等，这些活动能够进一步提升他们的逻辑思维和统筹规划能力。

策略性运动：推荐孩子参与一些需要策略和思考的运动，如乒乓球、羽毛球等，这些运动不仅能够锻炼孩子的身体，还能培养他们的逻辑分析能力和反应速度。

团队运动：虽然孩子可能更偏向于独处，但适当的团队运动也有助于他们的人际交往和团队合作能力。可以选择一些不需要过多言语交流，但注重默契和配合的运动项目。

情绪管理：教育孩子学会管理自己的情绪，特别是在面对挫折和失败时。

自信培养：通过不断鼓励和肯定，帮助孩子建立自信心。特别是在他们取得成就时，要及时给予赞美和奖励，让他们感受到自己的价值和能力。

倾听与表达：虽然孩子可能不擅长临时发言，但可以培养他们倾听他人意见和表达自己观点的能力。可以通过家庭讨论、小组讨论等方式来锻炼他们的倾听和表达能力。

合作与分享：鼓励孩子参与一些需要合作和分享的活动，如团队项目、志愿服务等，这有助于培养他们的团队合作精神和分享意识。

计划与组织：利用孩子的目标感和计划性强的特点，鼓励他们参与一些需要计划和组织的活动，如班级活动、家庭聚会等，这有助于培养他们的领导力和组织能力。

决策与担当：虽然孩子决策较慢，但可以引导他们学会在充分思考后做出决策，并承担相应的责任。可以通过一些家庭决策或小组决策的机会来锻炼他们的决策能力和担当精神。

综上所述，家长应注重培养 RT 特质的孩子全面发展，同时强化其已有优势并引导其弥补潜在不足。通过合理规划和引导，相信他们未来一定能够在各个领域都取得出色的成就。特别是在逻辑和分析占比高的领域，他们有着得天独厚的优势，值得深入去培养和发展。

RT 特质的心理探秘

RT 特质的孩子由于偏向逻辑型特质，所以他们比较客观理性，抗压力比较强，压力主要来自不认可在做的这件事，没有完成目标，或者身边的环境不稳定，事情变化太快。

他们看重目标和目标的实施标准，家长要懂得科学制定目标，并把完成目标的标准及路径进行分解。不要一次性制定太高的目标，制定目标不宜过多，设置完成的标准跨度不宜太大，否则，会让孩子觉得无法达到。先把孩子已经达到的标准作为最低标准，一方面肯定他们已经达到了某个标准，另一方面也给后面更高的目标留足空间。要给孩子理解完成的时间，完成一个小目标之后，再继续往上提升。

对自己的计划和方法非常自信，所以他们做事会希望一切都按照自己的计划来。作为家长，我们要学会引导孩子进行放松，就是不要总是紧绷着。

RT 特质的孩子非常需要榜样，榜样的作用对他们影响很大，他们细致认真，有完美主义倾向，要求比较高，有时候甚至挑剔，所以对榜样的要求也高。家长必须言传身教，要处处以身作则。在这里友情提醒家长，一定要身体力行，如果感觉力不从心，一定要保持学习的状态，让自己成长，树立好榜样作用，同时关注孩子周围的情况。

培养孩子积极的心态，需要家长懂得智慧的肯定和表扬。一句“你真棒”并不能得到孩子的积极回应，家长如果要夸，就要夸得有理有据，要对孩子的计划流程、规范细节方面多多关注。

需要对 RT 特质孩子具体行为肯定，肯定他们的想法和做法是正确的，肯定过程中的努力是被看见的，肯定孩子努力过程是有价值的。友情提醒各位家长，表扬以务实为主，不需要夸张的语言语气，也不要用单纯的物质奖励刺激孩子，这些都不利于正向引导。

案 例

TR 妈妈和 RT 孩子——从伤害到和谐

在多年从事家庭教育的生涯中，学员遍布全国，我们也搭建了全国家长的赋能平台——ATMR 慧识人平台，发起了一个“3000 德容家，共赴 2035”的持续陪伴计划，参与这个计划的都是一群有心、有智、有爱的家长，其中有一位非常优秀的妈妈——徐总，在我们的陪伴下，每个阶段都取得了不错的成绩。对此徐总写下了她和儿子的故事：

我是一位妈妈，同时也是职场中的强者。我的特质是 TR，多年来，在职场上摸爬滚打，算是顺风顺水。大学毕业后进入了当时医疗行业一家主板上市公司，一干就是 11 年。从基层干到统管整个江苏分公司的省区总经理。在事业维度，我非常理性、非常要强、非常乐观，成就感和价值感也很强。

然而，作为孩子的妈妈，我是非常焦虑的。因为陪伴孩子的时间太少，沟通机会太少，早餐时间和送他上学路上是我们一天中仅有的沟通机会，但沟通效果不太好。

原生态 TR 的妈妈，算得上是“虎妈”了。我对孩子有很高的期待。由于主观认为陪伴时间太少，不能让孩子“浪费时间”。于是，小小的他，有了越来越多的课外班，包括文学素养、奥数课、英语沙龙、美术素描、书法、击剑……一周七天，孩子有五天晚上上课。幸亏孩子是 RT 特质，否则早扛不住了。

那时候，我的育儿价值观是“现在不吃学习的苦，以后就吃生活的苦”。

那时候，孩子是非常惧怕我的，我只要一到家，孩子就会迅速进入“备查状态”。那时候孩子遭遇老师投诉也是常态，每次我都会站在老师的立场，说服孩子，甚至批评孩子。因此，那时候的孩子是胆怯的，不自信的，成绩也不稳定，人际关系也不和谐……

直到我走进了“战略养娃”课程，链接到了 ATMR 慧识人平台。孩子说，从那天开始，妈妈慢慢变了。以前我用的是“我以为”的方式，现在我正在逐步努力用“达成共识”的方式陪伴他、引导他、鼓励他不断成长！

如今孩子已是个内驱力很强的 RT 孩子，有责任、有目标、有规划、强执行。他也更懂妈妈，我也更懂他。现在我育儿践行的价值观是“懂他，才能更好地爱他”，“努力成为孩子成长路上的领跑者，陪跑者、助推者，努力托举孩子不断地成为更好的他”，“成功很重要，幸福也很重要，我们一起努力追求富而有爱的人生”。

我坚信，未来我孩子的路一定越走越宽，越走越好，因为我在不断学习，有心又有力。

03 “单一右脑”模式（AM）

AM 特质的天赋优势

AM 特质孩子的性格、行为、语言和情绪等多方面都是两种特质的融合体现。他们善于发现并赞赏美好，拥有广阔的胸怀，容易理解和接纳他人。对情感和感受有强烈的追求，但这可能让他们在某些时候缺乏一些客观理性的判断。

他们希望自己的价值得到他人的认可和赞扬，通常不喜欢被忽视或受到批评，而更喜欢听到肯定和表扬的声音。这种特质使得他们在人际交往中可能更注重他人的情感反应，并愿意为了维护和谐的关系而做出一定的妥协。

因为擅长与他人建立联系，并且非常注重他人的感受，所以他们通常能够与人建立良好的人际关系，在团队中是像“暖宝宝”一样的存在。

AM 特质的孩子展现出了非凡的创造力，他们拥有丰富的想象力和独特的思维方式，总是能够提出新奇而富有创意的点子。在一个充满理解和包容的家庭环境中，他们更能展现自我，敢于冒险和尝试。

拥有敏锐的情感洞察力和同理心，这使他们在与人相处时总是能表现出极大的温暖和关怀。

尽管他们天生就有一种站在舞台中央、成为主角的冲动和渴望，但他们也明白，在团队中，每个角色都同样重要。因此，他们会适时地调整自己的位置，为了团队的整体和谐，愿意成为配角，甚至在某些时候，为了照顾他人的情绪，他们甚至会主动选择退到幕后。既有鲜明的个性，又懂得尊重他人，他们无疑是人们心中的小太阳。

他们并不会急于表现自己，而是会顾及他人的感受，选择适当的时机发言。正因为这种温暖而周到的交流方式，在团队中非常受欢迎，他们不仅能够提出富有创意的点子，还能够与团队成员融洽相处，成为团队中的开心果和黏合剂。他们天生具备协调关系的能力，善于激发团队的凝聚力，因此通常拥有出色的人际关系。

AM 特质的孩子天生开心温暖，初次与陌生人接触时可能会稍显羞涩，但通过观察与适应，他们很快就能融入新环境，展现出自信的一面。他们进入陌生环境时，会先评估环境是否友好。经过短暂适应后，他们便能轻松融入其中，找到让自己感到舒适和快乐的方式。他们不喜欢与人发生冲突，更关注自己的兴趣是否得到满足。除非必要，否则他们通常不会与其他孩子产生争执。

他们拥有独特的天赋优势，通常具有较高的艺术天分，特别是在情感感受方面的艺术表达上，展现出了卓越的才华。他们能够用独特的方式传达自己的情感和想法。通常情感细腻，能够敏感地察觉他人的情绪和感受，从而建立起深厚的情感联系，他们善于在团队中发挥自己的优势，为团队的成功贡献自己的力量。同时，他们也能够享受生活，善于发现和欣赏生活中的美好。他们喜欢表达自己的情感，愿意与他人分享自己的内心世界，这使得他们在人际交往中更具魅力。

AM 特质孩子的劣势

AM 特质的孩子对目标的追求并不十分坚定，对最终结果往往不是很在意。他们的注意力容易被外部因素干扰，如环境的变化或他人的评价等。因此，家长在培养这些孩子时，应特别关注他们的专注力，帮助他们建立稳定的目标导向，并学会在面对干扰时保持专注。

小时候，这一特质的孩子并不太在意成绩是否出类拔萃，长大后也不追求事业有成。他们更看重的是点燃自我兴趣的火种，关注内心真实的情感。他们不易稳定地保持好成绩，特别容易出现偏科现象，他们感兴趣的学科成绩往往出色，而不感兴趣的学科容易不稳定，甚至有的孩子各科成绩都不好。

AM 特质的孩子是压力的易感体质，在压力之下，会出现逃避。面对挑战时，可能会出现退缩，他们对新环境更加敏感，容易被小事情困扰。面对分离，学校压力或同伴间的争执，他们可能显得格外焦虑，甚至哭泣。他们也可能会有如肚子疼或头痛等反应，尤其在紧张的情境下更是如此。注意力和集中力似乎也变得难以把握，屡次被外界干扰，他们不太愿意尝试新事物，对自己缺乏信心，对面对困难时能否取得成功持怀疑态度。

朋友的女儿是 AM 特质，在小学阶段学习成绩很不错，可以说是“别人家的孩子”。然而，在孩子升入初中之后完全变了。由于朋友的女儿所在的学校是当地的重点中学，她的同学都是来自全市各个学校优秀的孩子，在小学名列前茅的女儿，在初一的第一次月考被“当头一棒”，班级名次几乎垫底。这样的情况持续了半学期，无论给她报什么样的补习班，孩子自己怎么努力，名次始终升不上去。残酷的现实让曾经自信的孩子信心全无，每次考试前都异常焦虑，甚至出现了严重的躯体反应——一到考试就肚子疼。

朋友一家人选择走进了“战略养娃”课堂，学习了之后，理解了 AM 特质，在压力之下会有逃避、焦虑、缺乏自信的表现，需要陪伴、欣赏，于是爸妈一起在家里专门设计了一面荣誉墙，把女儿小时候获得的奖状和证书都挂出来，并经常和孩子一起回顾，从中找到孩子的优点并不断激发。在持续的陪伴下，孩子的状态越来越好，欢声笑语多了，自信也回来了，成绩也是稳步提高。在最近一次期中考试中，孩子的年级排名已经来到了第 208 名。

AM 特质的孩子情感丰富且细腻，他们内心深处充满了对关注和关爱的渴望。这些孩子通常具有强烈的情感需求，需要身边的人不断地给予情感支持和陪伴。他们可能会因为一些小事情而感到受伤或不安，表现出一种“玻璃心”的特点。同时，他们倾向于对事情进行深入的自我思考和分析，有时可能会对某件事产生过度敏感或过度解读的反应。

他们规则意识比较差，无论是家中的秩序、学校的纪律，似乎都难以为他们所理解和遵守。当然这并不是没有解决之道的困境，用科学的方法引导孩子，让他们认识到，规则不是限制而是帮助他们成长的工具，向孩子传达规则背后的价值。

在持久度方面，他们通常展现出一种三分钟热度的特性，往往缺乏耐心。

他们倾向于过度关注自我感受，情绪反应较为强烈。他们可能表现出任性的一面，常常深陷于自我情感之中，这使得他们在处理问题时可能不理性。他们在面对生活或学习中的挑战时，更可能依赖于个人的情感反应来做出决策，而不是基于客观事实和逻辑推理。

AM 特质的孩子在处理人际关系时，常常表现出强烈的情感倾向，他们更看重与他人的亲近关系而非事情的对错。这意味着，即使他们意识到朋友可能犯了错误，仍可能会站在朋友的一方，选择维护友谊而不是客观评价事情的是非。这种以情感为主导的决策方式，虽然有助于他们建立深厚的人际关系，但也可能导致他们在面对复杂问题时缺乏足够的理性思考。

AM 特质的培养方向

以下是一些培养建议：

创意表达：鼓励孩子在学习中以创意的方式表达自己的想法，如通过绘画、写作或演讲等形式，这有助于培养他们的想象力和创造力，同时增强自信心。

情感教育：在学习中加入情感教育元素，帮助孩子学会识别和管理自己的情绪，提高他们的情商。

舞蹈艺术：引导孩子参与舞蹈类活动，如民族舞、国标舞等，这些活动不仅能满足他们的艺术张力，还能提升自信、激发内在情感和培养专注力。

多元艺术：除了舞蹈，还可以尝试其他艺术形式，如戏剧、音乐、绘画等，以突出孩子的肢体和语言表达特长。

团队协作运动：推荐孩子参与团队协作的体育运动，如篮球、足球、排球等，这些运动能消耗他们充沛的精力，同时培养社交技能和团队合作精神。

户外活动：鼓励孩子参与户外活动，如徒步、骑行等，这有助于锻炼他们的身体，同时培养勇敢和坚忍的品质。

抗压训练：针对孩子抗压性的特点，可以进行适当的抗压训练，如通过情景模拟、角色扮演等方式，帮助他们学会面对和应对压力。

情绪支持：提供一个安全、支持的家庭环境，让孩子能够自由地表达自己的情绪，并得到理解和接纳。

团队合作：积极为孩子创造团队合作的机会，如参与小组项目、志愿服务等，这有助于培养他们的团队合作精神和领导能力。

社交技巧：教育孩子学会倾听和表达自己的想法，同时尊重他人的观点和感受，这有助于他们在人际交往中建立良好的关系。

领导角色：在团队活动中，鼓励孩子担任领导角色，如小组长、队长等，这有助于锻炼他们的组织协调能力和领导能力。

决策训练：通过一些简单的决策游戏或活动，帮助孩子学会在团队中做出决策，并承担相应的责任，这有助于培养他们的决策能力和担当精神。

综上所述，家长应注重培养 AM 特质孩子的全面发展，同时强化其已有优势并引导其弥补潜在不足。通过合理规划和引导，相信他们未来一定能够在各个领域都取得出色的成就。特别是在艺术、人际交往和团队协作方面，他们有着得天独厚的优势，值得深入去培养和发展。

AM 特质的心理探秘

由于 AM 特质的孩子思考方式更偏向情感化，外界环境的微小变化都可能触动他们。因此，家长需要特别关注这类孩子的内心感受，并及时进行疏导和安慰。

他们的兴趣广泛且多变。作为家长，我们需要特别关注并帮助他们找到那些既符合他们兴趣，又能够锻炼他们持久性和逻辑性的活动。

在引导孩子的过程中，我们可以通过鼓励他们由短暂的热度逐渐延长，再进一步到长期投入。这需要耐心和策略，包括提供适合他们特质的挑战、设定可实现的短期目标，并在他们取得进步时给予及时的反馈和鼓励。

同时，家长在教育和陪伴孩子的过程中，应该始终遵循“三被原则”：被看见、被认可、被尊重。这意味着我们要了解孩子的需求和感受，给予他们足够的关注和认可，让他们感到自己的价值被看见和尊重。这不仅可以增强孩子的自信心和自尊心，也有助于培养他们的自律性和责任感。

AM 特质的孩子特别渴望得到安全感，因此仅仅通过口头上的简单表扬是远远不够的，为了让孩子感受到真正被看见、被认可和被尊重，我们需要通过拥抱、击掌等身体接触的方式来表达我们的鼓励，并且还要在表达时充满真挚的情感，这样的互动方式能够让孩子更加深刻地感受到我们的关心和支持。

家长应避免高压教养方式，给予孩子表达机会，经常表扬和拥抱，以增强孩子的安全感，塑造坚强的内心。

孩子的成长是持续不断的旅程，父母不能仅满足于作为孩子知识视野的界限，而应该成为他们终身的引导者和支持者。随着孩子逐渐成长，他们会在不同的阶段面临新的挑战和问题，而我们作为父母，也有责任陪伴他们一同面对，成为他们成长道路上不可或缺的力量。

案 例

TR 妈妈与 AM 孩子——看懂孩子，学习逆袭

这是我一个咨询客户写下的与 AM 孩子间相处的故事：

去年，在初三的下半学期，我和女儿一起经历了人生中的大考！

中考前夕，女儿压力很大，总是对自己不自信，时常跟我说："妈妈，如果我考不上重点高中，怎么办？"最严重的时候，孩子每天晚上都会在半夜惊醒，惊恐地喊："妈

妈，你为什么不叫我，考试要迟到了”！这样的情况持续了一个月，已经严重影响到孩子的睡眠，再加上中考的心理压力和白天繁重的学习负担，女儿的情况越严重，体重下降了15斤。

而作为妈妈，我怎么能不着急呢？那段时间，我像无头苍蝇一样到处想办法，但无济于事。在朋友的推荐下，我抱着试试看的心理，和她一起走进了“战略养娃”课堂，这仿佛为我打开了新世界的大门。知道了我的女儿是AM特质，我是TR特质，我属于抗压性非常强的人，遇事喜欢冷静分析，逻辑性很好，认为没有干不好的事，考试做题都不是难事，而我的女儿属于压力高敏感型的孩子，压力稍微大一点就反应很大。过去，我总是和她说起我当初在学校是怎么学习的，怎么化压力为动力，我说得慷慨激昂，但女儿对此无动于衷，我突然意识到，原来自己并不了解女儿，我的教育方法对于她并不适合。AM特质的女儿需要陪伴，需要安全感，需要高情绪价值，需要鼓励，尤其是在压力大的时候。

之后，在我的陪伴下，女儿的状态逐渐恢复，学习效率也明显提升，甚至变得更自信了。

孩子的努力卓有成效，孩子考入了心仪的学校。成绩固然让我和孩子开心，但更开心的是，我们重新认识了彼此，知道了什么是恰好的陪伴，什么是有质量的支持，这一路变好的亲子关系，是我最欣慰的。

04 “单一右脑”模式（MA）

MA 特质的天赋优势

MA 特质的孩子对于情绪和感受的渴求度比较高，他们比较关注感受，情感细腻，关注人多过关注事，不喜欢被忽视，不喜欢被批评，跟人交朋友的时候，总会让对方感觉到十分舒服。

MA 特质的孩子可能成长为一个温暖、包容的共情者，他们的人际交往能力往往非常出色。

他们在情感和感受方面具有很高的敏感度，不仅擅长捕捉他人的情绪变化，还能够深入理解对方的内心世界。通常非常善解人意，他们总是能够设身处地理解他人的需求和感受，从而表现出高度的同理心。

在人际交往中，他们通常会展现出一些鲜明的特点，关注人的情感多于关注事务本身。这意味着他们更倾向于倾听和理解对方，使得他们在与他人交往时总是能够让对方感到舒适和被理解。他们懂得如何与他人建立深厚的情感联系。家长不妨帮助他们继续发展自己的共情能力和人际交往技巧，让他们在未来的学习和生活中能够更好地理解和关心他人，成为一个温暖、包容、善解人意的共情者。

内心丰富而敏感，他们善于捕捉他人的情绪变化，总能给予恰当的关怀与安慰。他们通常性格温和，不急不躁，与人相处时总能展现出超凡的耐心和理解力。不追求名利和地位，对自我成就的要求并不高，更重视内心的平和与满足，和谐的人际关系和稳定的环境是他们最珍视的。他们更愿意在爱与关怀的氛围中成长，而不是在激烈的竞争中追求成功。

他们从小就比较好带，很听话，脾气很好，很多时候会得到别人羡慕的夸奖：这孩子太省心，太懂事了。他们通常表现出温顺、易于管理和合作的性格特点，从小就展现出良好的行为举止，听话且脾气温和。经常受到周围人的赞赏和羡慕，因为他们的行为让父母感到省心和满意。即使他们有自己的意见或想法，也不会以激烈或冲突的方式表达出来。相反，他们更倾向于以温和、理解和有爱心的方式来沟通和处理问题。

他们在表达自我时往往显得审慎而克制，不会轻率地展示自己的内心世界。只有在熟悉的人面前或者在熟悉的环境中，他们才会如同泉涌般滔滔不绝地表达，将自己的感觉细腻而生动地呈现出来。

拥有出色的情绪感知能力，使他们具有强大的共情力。在与他人交流时，他们通常不会过于争抢，而是会细心地照顾他人的感受，并适时地表达自己的观点。他们善于倾听，对他人的观点表示认同，这使得他们在团队中深受喜爱。天生就具备团队合作的精神，他们擅长协调人际关系，包容他人的优点和缺点，为团队的和谐稳定发挥了重要作用。他们常常能够鼓励团队成员发挥自己的长处，使整个团队更加凝聚。因此，他们在人际关系方面表现得尤为出色，常常能够提升团队的凝聚力和向心力。

他们的内心世界就像一部丰富多彩的交响乐，每个音符都蕴含着深沉的情感。他们对情感的理解远超过一般的孩子，他们能够细腻地捕捉并感受到他人的情感变化。在阅读书籍或观看电视时，如果遇到了令人感动或鼓舞人心的情节，他们常常会流下真诚的泪水，用眼泪诉说内心的感动和共鸣。这些孩子不仅情感丰富，而且乐于助人，认为分享是一种美德。当他们认为你是他们的朋友时，他们会毫不吝啬地与你分享玩具、食物和故事。他们总是愿意伸出援手，帮助那些需要帮助的人，因为他们能够深刻地理解他人的困境和痛苦。他们的这种善良和无私的行为，往往让周围的人深受感动。

作为天生的共情者，对于他人的情感和处境有着超乎寻常的敏感度，他们能够迅速捕捉到他人的需求和期望，并尽力满足他们的需求。他们通常具有一种拯救者心态，希望能够帮助他人走出困境，找到幸福和满足，这种心态使他们在人际交往中表现得非常贴心和温暖。

然而，正是因为他们过于敏感和善良，通常不喜欢与他人发生冲突。他们倾向于通过和平、合作和妥协来解决问题，而不是通过争吵或对抗。

MA 特质孩子的劣势

MA 特质的孩子往往表现出敏感且优柔寡断的特点。他们对周围环境的变化极为敏感。因此，这类孩子的注意力通常不够集中，容易被外部因素干扰，导致他们难以长时间专注于某件事。

此外，他们在目标设定上往往不够坚定。他们可能缺乏强烈的进取心，因为这样的心理诉求，他们对于学习成绩要求不高。

他们对目标要求并不如其他孩子那样热切，相反，他们更加注重内心的真实感受，往往更愿意沉浸在自己的世界中。在学习上，缺乏为了好成绩而刻苦努力的驱动力，这种特质使得他们在面对学业挑战时，往往难以保持稳定的好成绩。他们很容易受到外界环境的影响而改变自己的初衷。同时，对于他人的评价太在意，进一步影响了他们的专注力。

他们不喜欢竞争，是压力的易感体质。情绪起伏比较大，遇到烦心事会抱怨。他 / 她希望当遇到委屈、伤心的时候，或者压力比较大的时候，有人陪伴，关注、理解，如果没有，他们会感觉到受伤，很长一段不能很好地疏解情绪。在压力特别大的时候，他们倾向于逃避而不是面对。他们更在乎人，更在乎的是情感，更关注是人与人之间关系的和谐相处。

具有 MA 特质的孩子往往对竞争不感兴趣，容易受到外界压力的影响，他们的内心像一片宁静的湖面，稍有风吹就会泛起涟漪。情绪波动对于他们来说是一种常态。他们可能会因为一些微不足道的事情而感到伤心，也可能会因为一些小事而欢欣鼓舞。因此，他们更需要在情绪上得到周围人的关心和理解。当遇到委屈或压力时，他们更希望能够有一个倾诉的对象，有人陪伴，给予他们温暖和支持。

在面对压力和困难时，他们可能会倾向于逃避，而不是勇敢地面对。他们可能更愿意选择逃避现实，寻找一种相对舒适的方式来应对压力。这种逃避的行为可能会导致他们错过一些发展的机会，也可能会让他们陷入一种消极的情绪状态。

MA 特质的孩子，天生具有一种敏锐的共情能力，使得他们非常注重他人的情绪。然而，正因为他们对情感的过度关注，可能在逻辑方面显得相对欠缺。在面对选择的时候，他们可能会发现自己的思维更多地被个人情感所驱动。他们可能会倾向于选择那些能让自己感到快乐的选项，而不是基于理性的分析做出决策。这种倾向可能导致他们在某些情况下做出不够明智的选择，由于缺乏客观思考，他们可能会发现自己难以区分自己的感受与事实之间的界限。他们可能会将自己的情感反应当作是客观的事实来看待，而忽略了事实和感受之间的区别。这可能会使他们在处理问题时犹豫不决，因为他们不知道应该相信自己的感受还是寻求客观的事实依据。

因为执行能力比较欠缺，他们可能会花费大量的时间权衡各种可能性，分析每一个选择的利弊，以确保自己做出最明智的决定，这种过度思考可能导致他们在执行层面显得犹豫不决。他们可能会反复思考，难以下定决心行动，即使他们最终做出了决定，也可能会在执行过程中不断纠结，怀疑自己的决定。

这种内心的犹豫和纠结可能会导致他们缺乏执行力，使得他们无法顺利地完成目标。

此外，这类孩子往往缺乏明确的计划和安排。他们可能会根据自己的情绪行事，缺乏系统的规划。这可能会导致他们在面对任务时感到无助，无法有效地安排时间。

当遭遇挫折时，他们可能会迅速陷入自我怀疑。他们可能质疑自己的能力和价值，认为自己无法应对当前的挑战。这种自我怀疑可能会削弱他们的自信心，使他们难以坚持下去。

MA 特质的孩子在时间规划上也有所欠缺，缺乏一种内在的驱动力，显得有点慢热。这类孩子可能更倾向于享受当下，而不是焦虑地追赶。因此，他们可能会表现出一种从容不迫的态度，即使面对紧迫的截止日期，也可能不会感到压力，这也和他们的目标感较弱有关。他们可能没有像其他孩子那样明确的目标导向，缺乏奋斗的动力。此外，他们的计划性也可能相对较弱，不善于制订详细的计划，也不习惯按照计划行事。这可能导致他们在面对任务时，无法有效地组织自己的资源，从而表现出拖拉的问题。

MA 特质的培养方向

以下是一些具体的培养建议：

创造性学习：鼓励孩子参与创造性学习活动，如艺术创作、故事编写等，以激发他们的想象力和创造力。

计划与执行辅助：提供适当的辅助工具和方法，如时间管理表格、任务分解等，帮助孩子提高执行力和计划性。

尊重内心热爱：在培养孩子兴趣时，尊重孩子的内心热爱和兴趣，避免过度强调功利性目标。

合作性活动：引导孩子参与需要合作和协调的活动，如团队游戏、集体创作等，以发挥他们的团队协作优势。

公益活动：鼓励孩子参与爱心公益活动，培养他们的领导能力和社会责任感。

团队运动：推荐孩子参与团队运动，如篮球、足球等，这些运动需要团队成员之间的协作和配合，有助于锻炼孩子的团队合作能力和沟通能力。

轻松愉悦的运动：选择轻松愉悦的运动项目，如舞蹈等，这些运动不仅有助于孩子放松身心，还能提高他们的身体协调性和灵活性。

情绪管理：教育孩子学会管理自己的情绪，特别是在面对挫折和困难时，要保持积极乐观的心态。

自信心培养：通过肯定和鼓励，帮助孩子建立自信心，让他们相信自己有能力克服困难和挑战。

集体活动：鼓励孩子多参加集体活动，如聚会、社团活动等，这些活动有助于孩子结交新朋友，扩大社交圈子。

沟通技巧：教育孩子学会倾听和表达自己的想法和感受，同时尊重他人的观点和意见，以建立良好的人际关系。

团队领导角色：在团队活动中，鼓励孩子担任领导角色，如小组长、项目负责人等，这有助于锻炼他们的领导能力和组织协调能力。

决策能力训练：通过一些简单的决策游戏或情景模拟，帮助孩子学会在团队中做出决策，并承担相应的责任。

综上所述，家长应注重培养 MA 特质的孩子全面发展，同时强化其已有优势并引导其弥补潜在不足。通过合理规划和引导，相信他们未来一定能够在各个领域都取得出色的成就。特别是在人际交往、团队协作和领导力方面，他们有着得天独厚的优势，值得深入去培养和发展。同时，家长也要尊重孩子的意愿和兴趣，避免过度强调功利性目标，让孩子在轻松愉快的氛围中自由成长。

MA 特质的心理探秘

MA 特质的孩子天生倾向于情感思考，在面对不愉快的情境时，他们的内心体验深刻。

他们常常对周围人的行为比较敏感，例如当在学校中，老师或同学未能及时回应他们的打招呼时，他们可能会以为自己做错了什么，或是让对方感到不舒服。

他们往往不太愿意主动表达自己的内心感受，家长和老师需要格外关注他们的情绪变化。因此，家长和老师在与这些孩子相处时，需要保持高度的敏感性和耐心，帮助他们学会正确处理和表达情绪。

情感和感受就像他们内心的指南针，指引着他们的决策和行为。这些情感不仅影响他们的心理状态，还左右着他们的意愿和行动力，相较于事情本身更加重视情感的认可与尊重。当孩子遇到困扰或矛盾时，他们的情感往往会起伏。此时，家长要有耐心，需要倾听孩子的心声，用温和而坚定的态度，去理解孩子的内心世界。

为了更好地与孩子沟通，家长可以运用提问的方式，引导孩子表达自己的想法和感受。这样不仅能让孩子感到被尊重和理解，还能帮助他们整理思绪，找到问题的根源。同时，家长还可以通过拥抱、安慰等方式，让孩子感受到家长的支持和理解。在沟通过程中，家长应避免长篇大论地讲道理，因为对于 MA 特质的孩子来说，这种方式可能并不奏效。相反，家长应该多提问，少讲解，让孩子在回答问题的过程中逐渐明白事情的原委。这样，孩子不仅能从情感上得到释放和舒缓，还能在认知上得到成长和提升。

案例一

RT 妈妈和 MA 女儿：别让爱成为伤害

我们的子公司负责人张筠老师，是一位睿智而又优秀的领导者，在管理上取得了不俗的成绩，即使如此优秀，在亲子关系上依然问题很多，这场升级教育之旅，也成为她生命中宝贵的财富，为了帮助更多家庭看见孩子，看见差异，她写下了属于自己和孩子的故事：

曾经，我以为自己是个好妈妈，虽然忙于事业，但只要有时间就会“陪”孩子，我一直信奉一句至理名言：“陪伴是最长情的告白！”

于是，女儿做作业，我就坐在她房间里，确保她在我的掌控之中。我跟女儿说，你写作业，我工作，我们共同进步！于是，自然而然出现了一幅画面，她写作业，而我接打电话。我还特别容易把工作上的情绪带到生活中，经常在陪女儿的时候，会因工作不顺利而急躁，孩子在旁边关心的问这问那，我就嫌烦，毫不客气地对她说："你看妈妈容易嘛，既要工作还要陪你，你怎么一点儿都不努力呢！你现在都不能做好作业，将来到了高年级怎么办啊？如果不好好学习，到了初中跟不上，考不上好高中，更考不上好大学，也找不到好工作，更没有一个好未来！"说那话的时候大概是在四年级吧！终于有一天，孩子跟我说："妈妈你这样不是陪我，反而还影响我学习。"我觉得自己委屈，为孩子含辛茹苦付出这么多，居然指责我！

女儿上六年级的时候，我在家里地上捡到了一张便笺纸，上面写道："妈妈每天讲的话都让我一天都没有好心情，让我心里很难受，每天都在批评我"！

看到这些文字的时候，我的内心像被刀扎一样生疼。到现在，我还记得那个早晨的那一刻，我终于意识到我可能不是"我以为"的好妈妈。对此，我该怎么办？还没有来得及解决这些问题，新的问题出现了，女儿沉迷于手机，我们之间的关系到达了冰点。

直到我走进了ATMR慧识人平台学习，我才发现孩子跟我是截然不同的特质。我是纯理性的 RT 特质，喜欢就事论事。我认为人要自律、独立思考、做事要专注。而女儿是纯感性的 MA 特质孩子，她在乎感受，需要人关心、需要被尊重、被看见。

看到了彼此模式的不同，犹如醍醐灌顶。孩子从小到大的成长经历，我们相处的片段像放电影一样在我脑子里闪过。以前她经常会给我们做烘焙，非常有成就感。而我就是那个“扫兴的妈妈”，不但不领情，还数落她。每次女儿跟我分享的时候，我都要借机苦口婆心“说教”一番。此时，我终于明白了孩子当时的伤心和失望，因为我无视了孩子的感受，甚至伤害着孩子。

经过学习，我找到了解决办法！遇到动作走形，没有做到位的，重整旗鼓再来一遍！学习的过程，是考验、是挑战、是选择、是成长，更是人生。我确定，我希望我的女儿能够拥有幸福而精彩的人生！

刚开始，我是一句句地学说话，就是那一句“你早点休息，比起你的学习，妈妈更关心你的身体！”我想说，真的太神奇了，孩子从一开始的嗤之以鼻，说：“好了，你别说了。”到后来半信半疑，再到后来，我发现，她慢慢对我敞开心扉了。她也愿意吐露心声了。从嫌弃我的“不近人情、不解风情”，到现在，开始像闺蜜一样和我聊天谈心。现在，我学会了真正用心陪伴孩子、关心她、理解她、支持她！

孩子的改变让我感受到了心智的神奇！我看见了孩子对我的爱，更学会了表达我对孩子的爱！当我学会倾听、不再讲道理，孩子才有了松弛感；当我不再掌控她的人生，她开始知道自我规划；当我知道每一次沟通要用心用爱，带着善意赋予正向的意义，我们的谈话才更有价值！

阿德勒说，幸福的人用童年治愈一生，不幸的人用一生治愈童年。很幸运，因为 ATMR 平台，我跟女儿之间化干戈为玉帛了。现在我们探讨的话题更广泛了，我们会一起散步聊天，从她的同学、老师、兴趣爱好到她对自己未来学业的规划，她还特别关心我的事业。

现在的女儿充满了力量，她温暖而自信，勇敢而坚定，积极主动，谈吐之间落落大方，有担当、有志向、有梦想，她还常常给身边的小伙伴赋能。我在想，这不就是我希望孩子长成的样子吗！

案例二

黄老师是一位拥有 17 年教学生涯的老师，因为想要帮助更多父母成长，心智养育，助力孩子成人成才，她毅然放弃老师身份，成了 ATMR 平台的全职老师，这是她写下的家庭故事：

如果把自己和家庭这个组织比作是一部复杂的机器，行为是这个机器输出的结果，而心智模式就是驱动机器的底层程序。所以，人要获得持续的发展，不仅需要行为的改变，而且离不开心智模式的有效运转。

以前我是用本能驱动，都是自动状态运行，容易耗损，直到了解自我的心智模式，家人的心智模式，我才找到了这部机器的“使用说明书”，而 ATMR 平台为我们打造了一份独一无二的“心智模式运行说明书”。

TA 妈妈 + RM 爸爸 + MA（目前往 AT 方向努力）女儿的组合：

作为一个急性子、强势、语言输出密集、需要被认可、在意感受的 TA 特质妻子，面对一个喜欢分析、凡事讲逻辑、不擅长称赞和表达的慢性子 RM 特质老公，以及一个慢性子、敏感、纠结，需要欣赏和尊重在意感受，缺乏目标感和拼劲的 MA 特质女儿，是会让彼此很难受的。

但有了彼此的“使用说明书”家庭氛围变得无比和谐，分工合作十分融洽。RM 爸爸补足了 TA 妈妈有想法、有创意和冲劲，但执行能力弱，不注重细节的短板。带孩子和辅导作业这种高难度任务，RM 爸爸也完成得很不错，连带女儿睡前听音乐，看电影都排好了计划，这个月听什么主题的音乐，看什么类型的电影，启发了 MA 女儿对科学、科技浓厚的兴趣，否则 TA 妈妈可能更多的会带孩子看综艺节目，看看谁厉害、谁颜值高、谁有趣。当把 MA 女儿按照科学方法调整成 AT 之后，发现孩子有主见，敢表达了，还会和 TA 妈妈辩论了。

第6章 爱ta更要懂ta

——对冲模式

01 AR 对冲模式

AR 特质的天赋优势

AR 特质的孩子展现独特的个性，从幼年时期开始，他们就充满活力，对周围世界充满好奇，展现出非凡的创造力。他们热衷于探索事物的内在规律和本质，这种对知识的渴望和求知欲使他们在学习中不断进步。

在活泼好动的时候，他们像脱兔一样充满活力和生机；而在安静的时候，又能沉稳和内敛。这种动静结合的特质使他们的个性更加丰富多样，符合那句古老的谚语：“动若脱兔，静若处子。”

在培养孩子的过程中，建议家长关注孩子的内在需求和情感变化，理解并接纳其外在表现。通过鼓励和引导，帮助孩子更好地平衡和整合自己的特质，发挥潜力和优势。同时，也要关注孩子的情绪管理，教导他们如何在不同情境下调整自己的情绪和态度，以适应社会生活的需求。

在好奇心方面，他们总是对外部环境的变化保持敏感和好奇，即使微不足道的小事也能轻易吸引他们的注意力。相比之下，他们更偏向于深入探索事物的内在规律和万物运行的原理。他们倾向于不断挖掘事物的本质，寻求更深层次的答案。因此，这样的孩子不仅对外在世界的变化保持敏感，同时也对事物的内在逻辑和原理充满探索欲望，从外在到内在都充满了强烈的探索欲。

这种对冲特质，虽然看似矛盾，却也可能激发出惊人的能量。当他们的激情与计划执行得到恰当的平衡和协调时，将爆发出强大的潜能，可以起到“一个人也是千军万马”的效果，甚至能够创造出令人难以置信的成绩。

这类特质的孩子能够灵活变通，总能找到解决问题的独特方法，化腐朽为神奇，令人惊叹。一旦他们找到了状态，充满了能量，他们就有可能一跃成为班级的前几名。他们既有激情的冲劲，又有理智的计划，冲突特质协调好了是一只潜力股。

确实，协调与平衡对于他们的发展至关重要。如果两种特质没有得到妥善的协调，没有形成合力，也会拖自己的后腿。

因此，家长和教育者需要特别关注如何有序地协调两种特质。

这类特质的孩子创意也不错，想象力丰富，有很多出其不意的点子和想法。在心情愉悦时，展现出了非凡的冒险精神和探索欲望。他们好奇心旺盛，既热衷于探索浩瀚无垠的宇宙，也沉迷于研究微观世界的分子、粒子。他们不仅是一个充满激情的梦想家，更是一个有策略、有方法的实践者。他们善于规划，总是能够制订出周密的计划，以便更好地实现自己的目标。

他们的冒险和探索精神，加上计划和方法，使得他们在成长的道路上不断前进，勇往直前。

AR 特质的孩子自小便展现出了非凡的表达能力，每当心情愉快时，他们总是乐于分享自己的想法和感受，他们的话语中充满了生动的画面感和严密的条理逻辑。

情感丰富，在逻辑思维方面表现突出，只要情绪稳定，他们通常会展现出讲道理、有逻辑判断的一面，能迅速洞察问题的核心。

他们聪明机智，拥有较高的悟性，面对新事物时总能迅速适应并掌握。他们学习新事物的方式独特，倾向于通过亲身体验和感受来加深理解，之后通过不断练习来巩固所学。他们精力充沛，善于在玩乐中观察与思考，一旦对某事物产生兴趣或认可，便会全力以赴，坚持不懈。

AR 特质孩子的劣势

具有 AR 特质的孩子往往情绪波动较大，因为对冲性比较大，这使得这些孩子可能会因为一些看似微不足道的小事而感到沮丧、焦虑和愤怒，而这些强烈的情绪会在很大程度上影响他们的行为和决策。

他们在行为控制上可能会面临一些困难，因为他们的内心冲突较为激烈，自我消耗的能量较大。这种内心的挣扎和消耗会导致他们的执行力受到阻碍，即使他们意识到需要采取行动，也可能会因为内心的纠结而迟迟无法付诸实践。他们会花费大量的时间犹豫不决，甚至最终可能无法做出决定。

对于具有冲突性特质的孩子，如 AR、RA、TM、MT 等类型，他们在成长过程中确实可能给家长带来诸多挑战，使得家长常常感到无所适从。这些特质可能导致孩子在与他人互动时表现出冲突和矛盾的行为。

AR 特质的孩子往往能形成自己的逻辑体系，并且非常坚持自己的立场和观点。他们通常对自己认定的事情抱有极高的坚持性，不轻易被外界改变。然而，这种坚持有时可能表现为固执，尤其是在他们情绪不佳的时候，可能不顾全大局，依然我行我素。

当心情愉快时，他们通常能够展现出极高的适应性和合作性，愿意与他人合作完成任务，表现出良好的社交能力。然而，一旦他们的情绪受到影响，可能会变得执拗，不易妥协，甚至可能表现出一定的冲动性，无法理智地权衡利弊。

他们比较容易情绪化，一旦不顺心，会任性发脾气。加上 A 和 R 是对冲特质，一旦有了情绪，AR 特质的孩子比较容易走极端，既听不进道理，又会持续发脾气，家长很难控制。在生活和学习上，他们都会存在一个显著特点——不稳定。因为在乎认同感，但并不是所有的事情都很有乐趣，也不一定和自己的兴趣点相符，尤其是学习。

他们情感细腻且自我意识强烈，往往对自己的感受非常敏感，容易感受到情绪的波动。这种敏感性可能导致他们在遇到不如意的事情时，表现出易怒的特点。由于 A 和 R 这两种特质的相互冲突，他们在情绪上可能会更加极端，既难以冷静听取他人的意见，又容易持续释放负面情绪。

在日常生活中和学习中，AR 特质的孩子常常表现出不稳定的状态。他们渴望得到他人的认同，但往往对那些不符合自己兴趣的事物产生抵触，特别是在学习方面。这种抵触情绪可能导致他们难以保持持续的学习动力和稳定的情绪状态。

AR 特质的培养方向

以下是一些具体的培养建议：

探索性学习：鼓励孩子进行探索性学习，满足他们对新鲜事物的好奇心。可以提供一些具有挑战性的学习任务，如科研项目、实地考察等，以激发他们的学习兴趣。

平衡感性与理性：引导孩子学会平衡感性和理性思考，帮助他们更好地理解世界。可以通过讨论、辩论等方式，锻炼他们的批判性思维和逻辑思维能力。

创新与探索：支持孩子参与创新性和探索性的活动，如编程、机器人制作、科学实验等，这些活动能够激发他们的创造力和动手能力，同时培养解决问题的能力。

艺术设计：鼓励孩子发展艺术方面的兴趣，如绘画、雕塑、音乐，这些活动能够帮助他们表达情感，释放内心的艺术张力，同时培养耐心和精益求精的精神。

多样化运动：推荐孩子参与多样化的运动项目，如游泳、武术等，这些运动不仅能够锻炼身体，还能帮助他们学会控制情绪，提高稳定性。

团队运动：鼓励孩子参与团队运动，如篮球、足球等。团队运动能够培养他们的团队协作能力和竞争意识，同时学会在压力下保持冷静和专注。

情绪管理：教育孩子学会识别和管理自己的情绪，提供情绪释放的渠道，如写日记、绘画等，帮助他们建立积极的情绪调节机制，提高情绪稳定性。

自信心培养：通过肯定和鼓励，帮助孩子建立自信心，特别是在他们取得成就时，要及时给予赞美和奖励，让他们感受到自己的价值和能力。

沟通技巧：教育孩子学会倾听和表达自己的想法和感受，尊重他人的观点和意见。可以通过角色扮演、小组讨论等方式，锻炼他们的沟通技巧和人际交往能力。

团队合作：鼓励孩子参与团队合作的活动，如小组项目、志愿服务等，这有助于培养他们的团队合作精神和领导能力，同时学会在团队中发挥自己的优势。

领导角色：在团队活动中，鼓励孩子担任领导角色，如小组长、项目负责人等，这有助于锻炼他们的领导能力和组织协调能力，同时学会承担责任和引领团队。

决策训练：通过一些简单的决策游戏或情景模拟，帮助孩子学会在复杂情况下做出决策，并培养他们的判断力和决断力。

综上所述，家长应注重培养 AR 特质的孩子全面发展，关注其内在冲突。通过合理规划和引导，特别是在创新、艺术设计和领导力方面，他们有着得天独厚的优势。家长也要关注孩子的情绪变化，帮助他们学会管理情绪，提高情绪稳定性。

AR 特质的心理探秘

家长需要特别关注孩子的心理状态，及时疏导孩子的情绪。这需要我们深入了解他们的内心世界和真实想法。面对孩子，家长应保持冷静，避免立即批评。允许孩子表达内心的想法，肯定他们的观点，并通过提问来引导他们。少给空洞的建议，更多地引导他们独立思考。只有当孩子自己认识到问题所在或意识到如何改进时，他们才能真正以平和的心态去解决问题。在教育孩子时，不能只关注道理而忽略情感，也不能只灌输结论而忽略引导，因为这样的教育方式通常难以被孩子接受。

AR 特质的孩子敏感于外界的变化，并将之与自己的信念进行比较。因此，家长在与这类孩子相处时，应避免采用高压的教养方式，以免剥夺他们表达自我感受的机会。相反，家长应经常给予情感上的支持和认可。通过这种方式，家长可以首先解决孩子的情感问题，然后引导他们进行自我反思。当孩子的内心力量足够强大时，他们将能够变得更加灵活和开放。

案 例

AM 妈妈和 AR 女儿的故事

吴老师温柔又知性，她的先生和女儿都是我们平台的德容家学员，全家同修，共同成长，这是她写下的与 AR 女儿的故事：

百花齐放，草长莺飞的五月。2023 年 5 月 27 日，我第一次走进“战略养娃”课堂。

我是 AM 特质，女儿是 AR 特质。去年 5 月，我和宝贝女儿的关系跌至冰点，女儿研究生毕业，进入央企某研究所工作，我和她爸爸感觉如释重负，且无比自豪，朋友和亲人艳羡无比，可是 AR 对冲的女儿，无法忍受工作的枯燥，女儿便提出辞职，我和老公无法接受，尤其是 RT 特质且一直在稳定工作的老公和女儿发生了激烈的冲突，那个时候的我，整天以泪洗面。在我人生的至暗时刻，“战略养娃”的课程像一束光照进了我的生命，通过这一年来的学习，知道了自己是一切的源。

从理工科到艺术，从计算机到时尚，女儿把不可能变成了可能。今年 3 月，女儿拿到了伦敦艺术学院的录取通知书，现如今的我和女儿的沟通也非常顺畅，这一切正向的结果，源于我们更懂对方。

02 MT 对冲模式

MT 特质的天赋优势

MT 特质的孩子天生具有开放和包容的心态，他们善于理解他人的感受，富有同情心，并愿意倾听不同的意见。这种特质使他们在人际交往中表现出色，能够建立和谐的人际关系。他们具备明确的目标导向和决心，知道自己想要什么，并会坚定地追求自己的目标。这种特质使他们在面对挑战和困难时能够保持坚韧不拔的精神，努力克服困难。有时他们会表现出坚决和强势的一面，而有时则会显得犹豫和包容。这可能会让家长感到困惑。为了帮助孩子，建议家长深入学习相关知识，通过了解和理解孩子的内在特质，家长可以更有针对性地引导，从而培养出他们更加稳定和成熟的心性。这将有助于他们在未来的生活和工作中更好地应对挑战和困难。

虽然对自我要求并不苛刻，不喜欢过分竞争，但他们同样渴望在适当的时候取得成功。他们在团队中扮演着重要的角色，懂得如何与人和谐相处，能够为团队营造一种积极向上的氛围。

他们善于协调团队成员之间的关系，化解矛盾，促进团队的合作与进步。尽管本身并不是一个特别争强好胜的人，但在面对团队荣誉或某些重要的人际关系时，他们的斗志却会被激发出来，展现出超乎寻常的决心和毅力。在这些关键时刻，他们会全身心地投入，努力为团队争取胜利，或为了维护重要的人际关系而拼尽全力。他们的这种表现，不仅体现了对团队和人际关系的重视，也展现了他们的责任心和担当精神。

在人际交往中展现出了令人瞩目的天赋，他们天生具备一种特殊的感知能力，能够敏锐地捕捉到他人情绪的变化，从而灵活调整自己的沟通方式。这种能力使得他们在与人交流时，总是能够迅速把握对方的需求和感受，进而做出恰当的回应。

他们的沟通能力不仅体现在日常的对话中，更在团队合作中发挥了巨大作用。当团队成员遇到困惑或问题时，他们以敏锐的洞察力为团队找到问题的症结所在。同时，他们善于倾听他人的观点，不仅尊重每个人的意见，还能够将这些观点整合起来，形成更为全面和深入的认识。依靠这种卓越的沟通技巧和团队协作能力，他们不仅能够与团队成员建立融洽的关系，还能够用他们的智慧和热情激发整个团队的潜力。

虽然在逻辑推理方面可能不是最强的，但他们在安全感充足的情况下，总是能够凭借自己的见解和想法，理性地分析问题。

MT 特质孩子的劣势

MT 特质的孩子，在展现其独特魅力的同时，也面临着一些挑战和弱势。他们倾向于被表扬和肯定，对于批评较敏感。当沐浴在赞扬之中时，他们的心情会如沐春风，乐于配合与分享；然而，一旦遭到批评，他们的情绪会如秋叶般黯然失色，情绪低落。这类孩子内心细腻如丝，对他人的看法和评价非常在意，因此他们格外珍惜自己的形象，生怕在众人面前失去面子，这份内心的敏感度使得他们在面对外界压力时更加脆弱。

由于 M（感性、细腻）和 T（理性、追求成就）特质的内在冲突，MT 特质的孩子时而追求安逸、随遇而安，享受生活中的宁静与美好；时而又不甘于平庸，渴望成功。这种矛盾心理使得他们在面对决策时犹豫不决，如同站在十字路口般迷茫，容易受到外界微小变化的影响，进而陷入过度的思考之中，无法自拔。

此外，他们在承诺和行动之间往往存在较大的差距。他们可能会轻易答应某件事情，但在执行时显得拖沓。因为在他们的思维中，想法和行动之间似乎存在一条难以逾越的鸿沟。他们可能会受到外界干扰或他人评价的影响，导致注意力分散，难以专注于行动。这种“仰卧起坐型”的表现，使得他们在学习和生活中常常出现起伏不定的状况，让家长感到既无奈又焦急。

在追求结果时顾及他人的感受，导致他们在做决策时容易陷入纠结，不喜欢匆忙做出选择。他们在做事情时，常常犹豫不决，即使最终下定决心开始行动，也会因为过多的顾虑和缺乏计划而难以有效执行。当未能达到目标时，他们容易陷入自我怀疑，遇到挫折后更容易动摇信心。在学习新技能或设定目标时，如果无法迅速达到自己的心理预期，他们可能会选择逃避。

MT 特质的培养方向

以下是一些具体的培养建议，旨在帮助孩子全面发展并充分发挥其潜在优势：

目标设定与分解：帮助孩子将长远目标分解为短期可实现的小目标，每达成一个小目标就给予鼓励和奖励，以增强其成就感和持续动力。

时间管理：引导孩子学习时间管理技巧，如使用番茄工作法、时间规划表等，以提高学习效率和持续性。

艺术创造：鼓励孩子发展艺术方面的兴趣，如绘画、音乐、写作等，这些活动能够充分发挥他们的情感细腻和同理心，创作出真实感人的作品。

创新思维：引导孩子参与一些创新性的活动，如科学实验、编程、发明创造等，以锻炼他们的逻辑思维和创新能力。

团队运动：推荐孩子参与团队运动，如篮球、足球、排球等，这些运动能够培养他们的团队协作能力和目标意识，同时让他们学会在团队中发挥自己的优势。

持续性运动：鼓励孩子选择一项能够持续进行的运动，如跑步、游泳等，以培养他们的耐力和坚持性。

情绪管理：教育孩子学会识别和管理自己的情绪，提供情绪释放的渠道，如写日记、绘画、阅读等，帮助他们建立积极的情绪调节机制，以应对内心的冲突和矛盾。

自信心培养：通过肯定和鼓励，帮助孩子建立自信心。特别是在他们取得成就时，要及时给予赞美和奖励，让他们感受到自己的价值和能力。

集体活动：鼓励孩子多参与集体活动，如聚会、社团活动等，以锻炼他们的社交能力和团队协作能力。

沟通技巧：教育孩子学会倾听和表达自己的想法和感受，释放内心的压力和冲突。

决策能力训练：通过一些简单的决策游戏或情景模拟，帮助孩子学会在复杂情况下做出决策，并培养他们的判断力和决断力。

综上所述，家长应通过合理规划和引导，关注 MT 特质孩子的情绪和内心，帮助他们学会管理情绪，建立积极的心理调节机制，以应对生活中的挑战和困难。

MT 特质的心理探秘

MT 特质的孩子在面临学业和关系时，容易出现冲突的一面，例如孩子容易出现偏科，好友的影响力甚至会超越父母。

MT 特质孩子的压力往往来自环境的不稳定性或人际关系的变化。在这种情况下，他们可能会表现出一些急躁和情绪化的特征。由于并不抵触情感的表达，只要家长愿意与他们进行沟通，他们通常都愿意分享自己的感受。

他们可能会经历一段时间的情绪低落，需要时间来冷静思考和处理自己的情绪。因此，作为家长，理解和接纳他们的情绪变化，以及提供足够的支持和安慰，就显得尤为重要。

在做不喜欢的事情时，MT 特质的孩子往往表现出强烈的抗拒感，他们更关注情绪和感受，而非单纯的事情本身。当因为自己的原因给团队带来困扰时，他们会承受压力。因此，家长应将情感和尊重放在首位，而非仅关注事情的结果。在引导孩子时，家长应首先释放孩子的情绪，了解他们的真实想法。通过安慰和认可，鼓励孩子表达内心感受，倾听他们的意见。此外，他们在面对团队荣誉或人际关系时，会展现出更高的斗志。在学习方面，他们可能进展稍缓。家长应有足够的耐心和陪伴，支持孩子从短暂的尝试逐渐延长到持久的投入，鼓励他们坚持并不断进步。

案例

TA 妈妈与 MT 孩子——从“疾风骤雨”到“春风化雨”

这是学员在学习后分享她与 MT 孩子的故事：

我在职场上，可以说是叱咤风云，在生活中同样追求高效与目标，尤其是在教育孩子方面，对孩子的要求更高。

女儿在上幼儿园的时候，我给她规划未来——从学业到兴趣，每一个细节都力求尽善尽美，在我的世界里只要目标明确，坚持不懈，成功会水到渠成。

女儿曾是我心中最乖巧的孩子，小时候每当提及兴趣班和课外活动时，她的眼眸中总是充满着期待。我满怀热情地为她规划着多彩的课余生活，从绘画的斑斓世界到音乐的悠扬旋律，每一样都希望能成为她童年记忆中闪亮的星。然而，随着时光的流转，我渐渐发现，曾经让我们共同憧憬的兴趣之旅，却悄然间蒙上了一层微妙的阴影。每当兴趣班举办比赛或考级时，女儿的脸上总会浮现出一丝犹豫与抗拒。她轻声告诉我："妈妈，这些课我真的很喜欢，但我只想把它们当作兴趣，不想参加比赛和考级。"对此，我担心这样的态度会让她错失成长的机会。在内心的挣扎与权衡中，我最终选择了妥协，让兴趣班回归了它最初的模样——一片纯粹的乐趣之地。这份妥协背后，却是我对女儿学业规划坚定不移的执着。

上了小学之后，我精心制订的目标计划，女儿的反应总让我感到挫败。一次，我满怀激情地向她宣布："这学期，我们要冲进班级前 5 名！"她的眼神里闪过一丝抗拒，但还是勉强点了点头。接下来的日子，每天监督学习的时刻正是冲突的高发期。除了工作，我把所有的时间都投到女儿的学习中。但是女儿的表现真的让我心力交瘁，做事拖拖拉拉，写作业不是磨蹭玩笔尖，就是时不时走神，我的耐心迅速耗尽。"怎么这么慢？集中注意力，别总让我催！""这么简单的题目都做错？你到底有没有用心？"我的情绪像火山一样爆发，女儿只会低着头，手指紧紧捏着笔杆，眼眶微微泛红，不敢反驳，家里弥漫着一种压抑的气氛。

在那段被期望与现实的撕扯的日子里，我与女儿之间似乎筑起了一道难以逾越的高墙。孩子的成长中我们总会上演一场场"承诺与失落"的戏剧。女儿的眼神中闪烁着坚定，誓言如金石般铿锵有力，承诺一定好好努力，一定能完成目标。然而没有达成目标的时候，她独自蜷缩在房间的一隅，无声地检讨，她许下一次次的誓言，既让人心疼又令我无奈。

作为母亲，我心中五味杂陈。是教育的方式太过严苛，还是我的期望如同枷锁，让她喘不过气？我开始质疑，是否从一开始就错判了她的能力，将她推向了一个本不属于她的高度。每一次看到她因挫败而泪流满面，我的心也跟着碎裂，爱与恨交织成一张复杂的网，让我深陷其中，无法自拔。更令人揪心的是，女儿的学业成绩急转直下，从昔日的班级前 10 名，一步步跌落至后面。女儿开始质疑学习的意义，甚至萌生了放弃学业的念头，向往着打工。我站在这个十字路口，望着女儿渐行渐远的背影，心中充满了前所未有的绝望。这不仅仅是一场关于成绩与排名的问题，更是对亲子关系的反思。我们该如何找回那份遗失的激情与动力？又该如何在失望与希望之间，为女儿铺设一条通往未来的光明之路？这一切，都显得那么艰难而又迫切。

一次偶然的机会，我参加了 ATMR 慧识人平台的“战略养娃”的课程，这门课如同一束光，驱散了我心中的迷雾。我开始意识到，每个孩子都是独一无二的，我是 TA 特质，所以我追求成就与目标，决策快，不在乎感受，而我的女儿是 MT 特质，她需要的不是催促，而是陪伴、理解与支持，这类特质的孩子要先满足感受才有动力。原来我错得离谱，在陪伴女儿的过程中，总是关注女儿的成绩，想让她完成一个又一个的目标，从来没有关心她，不能完成目标的挫败和我的高压，让孩子的心力耗尽了。

学习完课程之后，我尝试着放慢脚步，用一颗更加包容的心理解孩子，不再强求女儿立即达成目标，而是与他一起制订小步骤计划，每完成一小步就给予鼓励。我也学会了倾听孩子的想法，尊重她的节奏，甚至在周末安排一些亲子活动，如散步、阅读，增加我和女儿的情感连接。

随着时间的推移，变化悄然发生。现在，我们一起制定目标，我会耐心地询问女儿的想法，尊重她的选择。写作业时，我也不再是一味催促，而是坐在女儿旁边，看看书，偶尔给予一些温柔的提醒。女儿感受到了我态度的转变，她开始主动分享自己的想法，虽然进步的速度依然不快，但对学习的抵触情绪明显减少了。在我的耐心陪伴下，女儿的成绩逐渐稳步上升，更重要的是，她学会了如何设定适合自己的小目标，并在达成后感到有成就感。

当我不再急于求成，女儿反而能以她独有的方式，慢慢向前迈进。我深刻体会到，教育的本质不是塑造孩子成为自己期望的样子，而是帮助他们发现自我，成长为最好的自己。

03 TM 对冲模式

TM 特质的天赋优势

TM 特质的孩子从小精力充沛，只要心中有了目标，就会毫不犹豫地采取行动去追求。他们的行动力非常强，而且具有强烈的好胜心，这使得他们在面对挑战时总是能够勇往直前。同时，他们还具有很强的同理心，能够理解和关心他人的感受，这种同理心让他们具有较高的情商和社交技巧，在团队合作和领导他人方面表现得尤为出色。

他们可能会时而显得坚决，时而显得犹豫；时而展现出强势的一面，时而又表现出包容和理解的态度。

一旦确定了目标，他们就会全身心地投入，即使面临困难和挑战也不会轻易放弃，同时还具有很高的领导潜力和组织能力。他们善于激发团队成员的潜力，协调各方面的资源，以实现共同的目标。他们的领导风格既注重目标导向，又注重他人感受。

TM 特质的孩子自幼便展现出了卓越的表达天赋，他们的语言可以兼具说服力又能充满情感。他们会分享自己的内心感受，细腻的情感使得他们的言辞充满温暖和人情味。他们是情感沟通的佼佼者。

他们仿佛天生就具备一种与人和环境和谐相处的天赋，无论是在家庭、学校还是社交场合中，都能展现出他们与众不同的魅力。拥有温暖而亲切的性格，他们懂得如何与人建立良好的关系，并且擅长用温和的语言和体贴的举动来安抚他人的情绪。无论是面对一个哭泣的朋友还是一个沮丧的同学，他们会恰到好处地给予关怀和支持。

在团队中，他们扮演着不可或缺的角色，善于倾听他人的意见和想法，并且能够准确地理解他人的需求和期望。他们能够做出决策，也乐于为团队提供支持和协助，这些都能给予小伙伴积极的帮助和鼓励，他们的存在让团队更加团结和高效，成为团队中不可或缺的一员。

他们还具备出色的同理心和同情心，能够设身处地理解他人的感受和需求，并且以同样的方式对待他人。他们懂得尊重他人的意见和选择，并且愿意为他人的成功付出努力。这种善解人意的特质使得他们在人际交往中备受欢迎，赢得了他人的信任和尊重。

通常性格温和、易于相处，但他们也有自己的底线和原则。当触及他们内心深处认为重要的事情时，他们会毫不犹豫地表达自己的观点和立场。

TM 特质孩子的劣势

具有 TM 特质的孩子，在生活和学习上经常表现出两面性的特质，因为他们的性格中存在着相互冲突的元素。这种冲突使得他们的行为不稳定，时而表现出果断的一面，时而又显得犹豫不决。

他们可能在某些情况下能够迅速做出决策并付诸行动，展现出高效的一面。然而，在其他情况下，他们可能会变得拖延，对于是否继续前行感到困惑。这种不稳定的表现往往源于他们内心的冲突。

当遇到不如意的事情或者没有达到自己的心理预期时，他们可能会变得急躁，并表现出任性。他们可能会因为一点小事而失去耐心，无法冷静地应对问题。这种情绪化的反应可能会对他们的学习和人际关系产生负面影响。

在面对是否要坚持的抉择时，他们可能会显得优柔寡断。他们可能会反复权衡利弊，犹豫不决。

他们在决策时，下意识的会依赖于直觉，但是事后又会瞻前顾后。他们可能过于自信，甚至在缺乏充分理由的情况下坚持己见，这可能导致他们的判断武断。在思考问题时，他们可能过度相信自己的直觉而忽视了深入分析的必要。

这类孩子还常常陷入纠结的状态，脑海中充斥着大量的想法，但难以将它们整合成一个清晰的计划。他们可能会过度思考，导致决策过程变得复杂。然而，即使他们做出了决策，也可能因为缺乏坚定的执行意愿或能力而难以将计划付诸实践。

TM特质的孩子在决策和执行方面可能会遇到一些挑战。他们可能需要学习如何平衡直觉与逻辑分析，以及如何更有效地将想法转化为实际行动。

我有一个学员的孩子，是TM特质，在初三时由于学习压力增大，表现出了焦虑。他身处一所重点中学，对自我有着高要求，但成绩不稳定，定学习目标时信誓旦旦，但在面临压力时又想逃避。他既在意他人的感受，又希望实现自己的目标，不允许自己碌碌无为，但又时常背离目标，陷入自我矛盾之中。

通过学习，这个学员逐渐理解了孩子行为背后的原因，变得更加包容和理解孩子。她增加了陪伴孩子的时间，与孩子一起制订计划。每当孩子感到困惑或焦虑时，她会与孩子一起复盘计划，共同寻找解决方案，最终在中考时成功考入本校高中。

TM 特质的孩子会展现出竞争欲望和控制欲，当面临不确定性的挑战，他们可能会陷入自我纠结，不断与自己较劲。如果他们的原生家庭环境不够和谐，这种特质可能导致他们缺乏自信。在这种情况下，他们可能会冲动地采取行动，但在执行过程中不断质疑自己的决策，产生持续的内耗。

TM 特质的孩子，常常展现出一种缺乏耐心的态度。当他们开始接触新的事物时，由于新鲜感的驱使，他们会表现出极高的兴趣和动力。他们学习迅速，初期的表现也相当出色。他们往往会设定过高的目标，并做出过于乐观的承诺，但现实往往并不如他们所愿。当他们发现自己难以迅速达到预期的目标时，容易感到沮丧和失望。这种挫折感可能使他们放弃努力，不再坚持，也会让家长或者老师有乘兴而来败兴而归的失落感。

TM 特质的培养方向

在学习和学业上家长帮助 TM 特质的孩子拆分大目标到小目标，将长期目标拆分为短期小目标，每完成一个小目标都给予正面反馈，增强孩子的成就感和持续动力。最好在学习上采用兴趣引导法，尝试将学习内容与孩子的兴趣相结合，提高学习的趣味性和吸引力。

家长应鼓励探索，支持孩子尝试多种兴趣爱好，帮助他们发现真正热爱的领域，并为孩子的兴趣爱好设定阶段性目标，如参加某个级别的比赛或展览，以此激发其持久性。

培养运动习惯是个不错的方向，鼓励孩子参与体育运动，不仅有助于身体健康，还能培养毅力和团队合作精神，还能缓解内在的冲突和消耗。

情绪管理教育是不可错过的一课，教孩子如何识别和管理自己的情绪，学会在目标和感受发生冲突时调整心态。

抗挫能力的培养也十分必要，通过挫折教育，帮助孩子建立正确的失败观，学会从失败中吸取教训，增强韧性。

引导孩子关注积极面，学会感恩和欣赏生活中的美好事物，保持乐观向上的心态。

TM 特质的孩子具备一定的领导力才能，所以家长要尽量鼓励孩子在团队或班级中承担一定的责任，如班长、组长、课代表等，锻炼其领导能力。

决策能力是有待培养的，他们的决策往往体现出不持续性，家长在教育中应尽量让孩子参与决策，通过参与决策过程，如家庭会议、班级活动策划等，提高孩子的决策能力和自信心。

TM 特质的心理探秘

通常兼具直觉和情感，TM 特质的孩子的压力主要源于未能达到设定的目标，或是周围环境及人际关系的变动。然而，他们喜欢与人交流，愿意分享内心的感受。只要给予适当的倾听和理解，他们就能有效地恢复情绪平衡。

在追求目标的道路上，TM 特质的孩子时常会面临决策，这种感觉仿佛是站在一个十字路口，尤其是目标与感受发生冲突时。

案例

RT 爸爸和 TM 儿子——重塑亲子关系

这是一位学员，RT 爸爸写下的和 TM 儿子的故事：

在成为父亲的道路上，我曾是一位典型的“虎爸”，事业上的成功让我习惯了设定高目标，对待工作一丝不苟。然而，在教育儿子时，我们之间有一道难以逾越的鸿沟。

记忆中的那些日子，家中总是弥漫着紧张与不安。我满心期待儿子能继承我的坚韧与自律，却忽略了他独特的性格。他是一个总是怀揣梦想却又难以付诸实践的孩子，他的世界里充满了矛盾与挣扎，每当看到他因未完成目标而自责，或是因成绩不佳而沮丧时，我既焦急又怀疑。

记得那是一个阴雨连绵的傍晚，我手中紧握着儿子那惨不忍睹的成绩单，心中的怒火如同窗外的雷电，一触即发。我试图用我那一套“成功学”理论激励他，告诉他：“儿子，你看看这分数，你怎么做的？说到做不到，你还能干什么……”话未说完，就被儿子的吼叫打断：“你根本就不懂我！”那一刻，我仿佛被浇了一盆冷水，愤怒与失望交织在一起，甚至口出恶言。从那以后，家中的气氛降至冰点。儿子开始逃避与我的一切交流，将自己封闭在游戏的世界里，夜以继日地沉浸其中。我试图用更加严厉的手段去“纠正”他，换来的只是更加激烈的反抗。

终于有一天，儿子做出了一个让我震惊的决定——他要休学。当我听到这个消息时，仿佛被雷击中一般，整个人愣在了原地。我试图用各种方式去说服他，告诉他休学的严重性，但他只是冷冷地回应：“我已经受够了，我不想再这样下去了，没有意义。”那一刻，我意识到自己的教育方式出问题了，我看着儿子那双曾经充满梦想的眼睛如今却充满了空洞与麻木，心如刀割，如果再这样下去，我们之间的裂痕将再也无法弥补。

在我几乎要放弃的时候，一位好友向我推荐了“战略养娃”这门课程。课程中，我发现 ATMR 科学、专业、落地性强，把家长和孩子的特质联动分析得非常准确，且能够对症下药。我的儿子是 TM 特质，他并不是没有目标，而是需要更多的理解、陪伴和自主权。我开始反思自己的教育方式，意识到过去的苛责，其实是在无形中扼杀了他的自我驱动力和创造力。

为了弥补过去的错误，我决定用一种全新的方式与儿子沟通——写信。无论每天多忙，我都会抽出时间，用心写下对他的理解、鼓励和支持。这些信件，不仅仅是文字的传达，更是我内心深处情感的流露。渐渐地，他开始回应我的信件，虽然只是简短的几个字，却足以让我欣喜若狂。我们开始通过书信交流彼此的想法和感受，那些曾经难以启齿的话题，在纸笔间变得轻松而自然。

经过 100 天的坚持，100 封书信，我和儿子的关系发生了翻天覆地的变化。他重新找回了对学习的热情和对未来的憧憬，不仅重返了学校，还以惊人的毅力和努力追赶上了落下的课程。如今，他已经成功申请了英国的名校，准备开启新的人生篇章。而我也从一个焦虑不安的父亲成为一个更加成熟、更加懂得理解与尊重孩子的家长。我学会了放下那些不必要的期望和苛求，用更加平和的心态陪伴和支持儿子的成长。

曾经因为教育问题而频繁爆发的争吵和冲突，如今已被理解和包容所取代。我学会了用更加平和、理性的态度处理家庭矛盾。

回首这段心路历程，不仅改变了我的教育方式，更重塑了我与儿子之间的亲子关系。我希望通过分享这个故事，能够激励更多的家长用智慧和温柔的方式去爱我们的孩子，陪伴他们健康、快乐地成长。

04 RA 对冲模式

RA 特质的天赋优势

RA 特质的孩子充满了好奇心，很有创造力，喜欢探究万物的本质规律；对外在事物的变化充满了好奇，偏向于对事物内在规律的探索，会倾向于不断思考本质；所对应的好奇指数进一步升级，从外在到内在，都充满了探索欲。

他们喜欢研究、找方法，执行力和责任感都很强。因为天生好奇，喜欢探索，喜欢思考，所以他们在学习某个新的东西或者进入新的领域的时候，不会马上行动，会先去思考这件事情意义大不大，是不是自己真正想做的。

RA 特质的孩子拥有众多令人钦佩的优势，这些优势体现在他们的性格特质上，深刻地影响着他们的学习和生活方式。

他们天生好奇，有强烈的好奇心和探索欲，对万物充满探究欲望，无论是外在的新鲜事物还是内在的本质规律，都逃不过他们敏锐的观察力。

他们喜欢问“为什么”，这种好奇心驱使他们不断学习和发现，从而拥有更广阔的知识面和更深的洞察力。

他们富有创意，能够产生天马行空的想法，想象力和创造力在同龄人中脱颖而出。他们善于将不同的元素组合在一起，创造出新的、有趣的事物，这种能力在解决问题和创新时尤为重要。

RA 特质的孩子具备强大的逻辑思维和分析能力，在思考问题时条理清晰，能够就事论事，他们的逻辑思维能力使他们能够迅速找到问题的本质。他们善于分析复杂的情况，找出隐藏的模式和关系，这种能力在学习和工作中都是宝贵的财富。

他们具有强烈的责任感和执行力，对承诺的事情非常认真，一旦答应就一定会完成。他们的责任感和执行力使他们在团队中成为可靠的一员。他们注重细节，能够细致、认真地执行任务，确保工作的高质量。

自律和专注性不错，对自己认可的事情非常自律，他们能够专注于任务，不受外界干扰。他们的专注力使他们在学习和工作中能够深入钻研，取得出色的成果。

他们很有悟性，对于新知识和新技能能够快速掌握。他们的学习能力使他们在学术和职业发展中都具有优势。他们善于从经验中学习，能够将所学知识应用到实际问题的解决中。

综上所述，RA 特质的孩子拥有强烈的好奇心和探索欲、出色的创造力和想象力、强大的逻辑思维和分析能力、强烈的责任感和执行力、自律和专注以及悟性和学习能力等多重优势。这些优势使他们在多个领域都能表现出色，成为具有领导力和创新能力的人才。作为家长，应该充分认识和培养这些优势，为孩子的全面发展提供有力的支持。

RA 特质孩子的劣势

RA 特质的孩子，虽然拥有众多令人钦佩的优势，但也面临着一些内在的挑战。他们的思考方式、行为模式以及人际交往，需要我们更加细致地理解和引导。

因为思考深入、追求完美，往往导致他们的行动力相对较弱。他们倾向于反复思考，希望找到最佳方法，这可能导致在一件事情上耗费过多时间。

他们有时显得过于固执。他们坚信自己的思考，不易接受他人建议。他们在面对新环境或陌生人时，表现出较强的适应性挑战。他们通常会先观察、判断，确认无误后才融入群体。这虽然保证了他们的稳重，但在某些情况下显得太戒备，引起人际关系的问题。这种不稳定的现象，主要源于他们对事情的认同感。当他们不认可某件事情时，对冲特质的表现就会更加明显。

他们在人际交往中也面临挑战。完美主义倾向使得他们对自己和他人都有着较高的要求。当别人犯错或做得不好时，他们可能会直截了当地批评。这种直接的批评方式使得他们的朋友不多。

他们常常在思考和分析上花费太多精力，导致在行动时显得犹豫不决。这种内在消耗不仅影响了他们的效率，也可能让他们在面对多重任务或挑战时感到力不从心。

RA 特质的孩子在追求完美、深入思考的同时，也面临着行动力弱、适应性挑战以及人际交往中的困境等弱势。作为家长，需要更加关注他们的内在消耗，引导他们学会平衡思考与行动的关系。同时，也要鼓励他们开放心态，增强他们的适应性和人际交往能力。

RA 特质的培养方向

家长应鼓励 RA 特质的孩子深度思考，提供具有挑战性的问题和任务，激励他们进一步思考和探究。引导孩子学会提问，培养他们的问题意识，鼓励他们不断寻求答案。

在学习方面，家长可以与孩子一起设定阶段性目标，将长期学习目标分解为短期、可实现的小目标，以增强孩子的持久性和成就感。定期检查进度，给予正面反馈和调整建议。

他们因为喜欢思考，仔细推敲。家长应有意识地培养时间管理观念，教孩子如何规划和管理学习时间，提高效率，使用时间管理工具或方法，帮助孩子集中注意力。

鼓励他们尝试不同的兴趣爱好，特别是那些需要逻辑思维和创新能力的活动，如编程、科学实验等。提供资源和材料，支持孩子在感兴趣的领域进行深入探索。

着力孩子持久性的培养，鼓励他们选择一两个特别感兴趣的项目或活动，并设定长期目标，如参加相关竞赛或展览。帮助孩子制订计划，坚持实践，逐步培养持久性。

家长可以推荐他们参与选择策略性运动，需要策略规划和逻辑思维的运动，如棋类运动、团队策略游戏等，这些运动既能锻炼身体，又能培养逻辑思维和团队协作能力。

家长还可以重点培养孩子的决策能力，提供决策训练的机会，帮助孩子学会权衡利弊、做出明智选择。

提供领导力培训或相关书籍资源，帮助孩子提升领导技能和团队协作能力。

综上所述，家长应从多个方面入手，通过深度思考训练、阶段性目标设定、时间管理培养、探索与创新鼓励、策略性运动参与、情绪管理教育、沟通技巧提升、同理心培养以及决策能力和领导力训练等综合措施，帮助 RA 特质的孩子成长，促进其全面发展。同时，也要关注孩子的内心世界和情感体验，给予他们足够的支持和鼓励。

RA 特质的心理探秘

我们需深刻理解 RA 特质孩子的内在特点，正如教育家陶行知先生所言:“培养教育人和种花木一样，首先要认识花木的特点，区别不同情况给以施肥浇水和培养教育，这叫‘因材施教’。”孩子如同花木，认清其特质，方能施以恰当的教育。

兼具逻辑分析与直觉情感，他们对新事物充满好奇，喜欢探究、思考，偏爱稳定计划，渴望表扬。

以著名科学家爱因斯坦为例，他同样展现出对事物深入探究的特质，喜欢思考事物的本质和规律。他的成功，部分归功于他对自己好奇心的坚持和深度思考的能力。这启示我们，应鼓励探究精神，发挥优势，注重内在平衡，教会孩子如何适时变通。

RA 特质的孩子更看重事情的意义。面对他们的固执，家长应稳住心态，倾听其想法，肯定其判断，通过提问和具体事例引导其自我思考。

对他们，表扬应实事求是，强调努力和权威认可。夸张的无条件褒奖并非他们所需。家长在日常沟通中要避免非恰当的表扬和赞赏方式。在表扬他们时一定要言之有理、言之有物，避免单一的言之有情。

家长需帮助 RA 特质的孩子平衡情绪与逻辑。面对计划变化等，应引导孩子对比内心信条与现实。通过因材施教、理解意义感、榜样引导、恰当表扬以及情绪与逻辑的平衡培养，帮助他们全面发展，绽放独特光彩。

案例

MA 妈妈与 RA 儿子——从焦虑到和谐

这是我的一个家长学员写下的她和 RA 孩子的故事：

作为一位典型的 MA 型妈妈，我从未想过自己的性格特质会与孩子的教育之路产生如此大的冲突。我的生活几乎被焦虑和恐惧所吞噬，而这一切的源头，正是我难以捉摸的 RA 儿子。

我一直是个感性至上的人，对于孩子的教育，我总是希望能够顺应他，给他足够的自由和空间。然而，这种教育方式在儿子身上却行不通。他有着 RA 特质的典型表现：时而理性冷静，制订出一系列详尽的计划；时而又感性冲动，情绪的好坏直接影响计划的执行。我们的相处，就像是一场永无止境的拉锯战。

记得有一次，我满心欢喜地为儿子报了一个数学班，希望能够帮助他提高成绩。然而，没过多久，他因为对课程内容不感兴趣而拒绝上课。我试图说服他，甚至用尽了各种办法，还是以失败告终。那一刻，我感到无比沮丧和无奈，仿佛自己的所有努力都化为了泡影。

这样的冲突在我们的生活中屡见不鲜。有时候，儿子会兴奋地与我分享他的新发现或者小成就，我们母子俩会笑得前仰后合，亲密无间。转眼间，他可能因为某个小挫折或者不如意而陷入沉默，甚至哭闹。他的情绪起伏不定，让我捉摸不透，也让我感到无比疲惫。

面对儿子的成绩过山车般地起伏不定，我开始逃避，甚至不敢面对老师。我无法控制自己的焦虑。

通过学习，我逐渐了解到了儿子性格背后的深层原因，开始明白他并非故意为之，而是特质使然。我学会了如何根据他的情绪状态来调整教育方式，如何在保持他独立性的同时给予他必要的支持和引导，同时，我也不断突破自己的特质盲区，开始尝试制订合适的计划，并在计划中留出适当的休息。当儿子想要独处时，我不再强行打扰；当他愿意交流时，我会耐心倾听，给予他理解和支持。我们的关系开始慢慢缓和，冲突也逐渐减少。

儿子感受到了我的稳定和坚定，开始更加信任我，也愿意与我分享更多的想法和感受。他不再像以前那样情绪起伏不定，而是学会了如何调整自己的情绪，更好地面对生活中的挑战。在学习上，他也变得更加主动和积极，尝试制订自己的学习计划，并努力按照计划去执行。虽然有时候还会遇到困难和挫折，但他已经学会了如何面对和解决这些问题，而不是像以前那样放弃。更重要的是，他开始重新找回对学习的乐趣和动力，不再把学习当作一种负担或压力，而是当作一种探索和成长的过程。

现在，每当我回想起那段艰难的日子，都会感到无比庆幸。庆幸自己能够及时改变，与儿子共同成长。每个孩子都是独一无二的个体，他们有着自己的性格特质和成长节奏。作为父母，我们需要不断学习、不断成长，才能更好地陪伴他们走过这段人生旅程。

第7章

有话好好说

01 正面鼓励，提升心力

有一个效应，在我做家庭教育中起到了非常重要的作用，这个效应就是罗森塔尔效应，也被称为“皮格马利翁效应”或“人际期望效应”。这个效应起源于 1968 年，由美国心理学家罗森塔尔和雅各布森在一所小学进行的实验。他们随机挑选了一部分学生，并告知老师这些学生具有很高的潜力，将会取得更好的成绩。实验结果显示，这些被寄予厚望的学生在成绩、自信心、人际交往等方面都取得了显著的进步。实际上，这些学生的能力并无特殊之处。

这个效应的核心在于期望的力量。当教师或父母对孩子产生积极的期望时，这种期望会不自觉地通过言行、态度等方式传递给学生，从而激发学生的潜能和动力。

孩子在接收到这种积极的期望后，会感到被重视、被信任，进而增强自我价值感和自信心。这种积极的心态会促使学生更加努力地学习、更加积极地参与人际交往等活动，从而形成一种良性循环。

而我在近十年研究和实践家庭教育的过程中，这个效应也是用得比较多的。当我面对需要帮助的家长和孩子们时，我会时刻带着觉察，注意语言中的正面期望和鼓励，用正向的关键对话，提升家长的能量，激发孩子的自驱动力，提升他们的心力，助力完成孩子人格塑造，支持他们成为热爱驱动的超级个体，自带生机勃勃，自带无尽探索，自带内在力量，具有原动力和自驱力，能够赢现在，更能赢未来。

经常有家长问我："刘老师我可以吗？"我都坚定地说："是的。"因为每个人本自具足，拥有许多维度和深层次的智慧，惑于有些认知障碍，看不到自己的更大可能性，也受制于当时的心力或者心能量，所以对于自己的确认和肯定不足，没有实践的勇气。这个时候自助的力量已经很难逾越，需要借助他人的力量，而我很有幸成了那个时候那个"他人的力量"，给予赋能、肯定、欣赏、鼓舞，帮助家长和孩子看见那个了不起的自己，许多家庭教育的问题也就是这样被看见、被解决或者被超越的，也收获了许许多多的感恩和回馈。多年来的教育之路告诉我一个简单的道理，那就是沟通的技巧和艺术无论怎样娴熟，其内核是传递善意，用自己的能量带动他人的能量，用自己的状态影响他人的状态，打破限制性思维，打破限制性信念，寻找更广袤的内外发展空间。

02 好孩子我相信你

孩子在 6~16 岁这个年龄段，恰好处于他律性心智时期，会有许多问题出现，而善于相信孩子，并在问题中找到孩子正向动机，这才是有智慧的表现。往往家长认为的孩子的问题，可能恰好是孩子自己的解决方案。作为家长不是一味指责孩子怎么会这样，而是要问问孩子，遇到什么难事了，经历什么了。无论是哪种特质的孩子，如果家长能做到充分信任，用相信去发现孩子的正向动机，激发孩子的内在力量，会为孩子存下一生的安全感和底气。好的童年疗愈一生，孩子能够学会自我反省，是因为他 / 她感受到了父母的信任、支持与爱。父母一句“我相信你”胜过批评孩子的千言万语，愿我们都是那个拥有相信的力量的智慧家长。

故事发生在一个学校，陶行知担任校长。有一天，一个学生因为打架被叫到校长办公室。陶行知见到学生后，并没有立刻责备他，而是从口袋里掏出一颗糖，递给学生，说：“这是奖励你的，因为你按时到了。”学生感到很惊讶，接过糖，不解地看着校长。

接着，陶行知又掏出一颗糖，说：“这是奖励你的，因为我在调查这起打架事件时，你承认了自己的错误。”学生更加惊讶，接过糖，开始反思自己的行为。

然后，陶行知又掏出一颗糖，说：“这是奖励你的，因为我知道你打那个学生是因为他欺负女生，你有正义感。”学生此时已经泪流满面，他意识到自己的错误，也明白了陶行知对他的关爱和期望。

最后，陶行知掏出第四颗糖，说：“这是奖励你的，因为我相信你以后不会再犯同样的错误。”

03 “我愿意”胜过“有道理”

家长和老师都是孩子成长道路上的引路人，肩负着塑造未来、培育希望的崇高使命。我们渴望给予孩子最好的指导，帮助他们走向成功与幸福。然而，在追求这一目标的过程中，我们往往陷入了一个误区：过分依赖道理的灌输，却忽视了唤醒孩子的自驱力。

孩子的自驱力和意愿度，是他们持续变好的基础。当我们一味地向孩子讲道理，试图用我们的经验和智慧去塑造他们时，我们可能会忽略了一个重要的事实：这些道理，尽管在我们的角度看来是为了孩子好，但并不一定能够触动他们的内心，激发他们的自驱力。

我们常常会遇到这样一种悲哀：明明很有道理，但是结果却不好。这是因为，我们没有意识到，孩子的成长不是靠道理的堆砌，而是靠内心的驱动。当孩子对某件事情充满热情和意愿时，他们会自发地去探索、去学习，无须家长的督促和逼迫。

因此，作为家长，我们需要转变思路，从关注“有道理”

到关注“我愿意”。我们要努力唤醒孩子的自驱力，让他们从内心深处愿意去做某件事情，而不是被外界的道理和压力所驱动。

如何实现这一转变呢？首先，我们需要倾听孩子内心的声音，了解他们的兴趣和需求。当孩子对某件事情表现出浓厚的兴趣时，我们要给予支持和鼓励，而不是用我们的道理去压制和改变他们。其次，我们要为孩子创造一个自由、宽松的成长环境，让他们有足够的空间去尝试、去探索、去试错。在这个过程中，他们会逐渐发现自己的潜力和兴趣所在，从而激发出强大的自驱力。

正如爱因斯坦所说：“我没有特别的天才，只有强烈的好奇心。”好奇心和自驱力是相辅相成的。当孩子对世界充满好奇时，他们就会自发地去探索、去学习，无须外界逼迫。而僵化的道理灌输，往往会扼杀孩子的好奇心和自驱力，让他们变得被动和消极。

因此，作为家长，我们要学会让孩子去追寻他们内心的“我愿意”。相信每一个孩子都有无限的潜力和可能。只要我们给予他们足够的支持和鼓励，他们就能够激发出强大的自驱力，走向成功与幸福。

在这个过程中，我们或许会发现，那些曾经让我们头疼不已的问题，其实只是需要我们给予更多的理解和支持。当我们真正关注他们的“我愿意”时，他们就会变得积极、主动、充满活力。

唤醒孩子的自驱力是家庭教育的核心任务。我们要从关注

“有道理”转变为关注“我愿意”，让孩子从内心深处愿意去做某件事情。这样，他们才能够在成长的道路上持续变好，走向成功与幸福。

04 “示弱”你就赢了

在家庭教育的过程中，父母常常扮演着坚强、无所不知的角色。然而，智慧父母却懂得要适时“示弱”，因为他们深知，“示弱”并不意味着失败，而是一种更高层次的育儿智慧。

“示弱”，是一种谦逊的态度，是承认自己也有不足，也有需要学习和成长的地方。智慧的父母明白，他们不必在孩子面前永远保持完美的形象。相反，他们愿意放下身段，与孩子共同成长，共同进步。

当孩子遇到困难或挑战时，智慧的父母不会立即跳出来为孩子解决一切。相反，他们会选择站在孩子身边，鼓励孩子自己面对问题，自己寻找解决方案。当孩子看到父母也愿意承认自己的不足，并努力与自己一起成长时，他们会更加自信，更加勇敢地面对生活中的种种挑战。

“示弱”，还是一种情感的联结。它让孩子感受到父母的真诚和亲近，让孩子知道，父母并不是遥不可及的完美存在，而是与自己一样，有着喜怒哀乐、有着成长和进步的普通人。这种情感的连结，让孩子更加愿意与父母沟通，更加愿意分享自己的内心世界。

更重要的是，“示弱”让孩子学会独立思考和解决问题。当父母不再总是为孩子提供现成的答案时，孩子就开始学会自己思考，自己寻找解决问题的方法。这种能力的培养，对孩子未来的成长和发展至关重要。

所以，智慧的父母会“示弱”。他们知道，“示弱”并不意味着失去权威，而是一种更高层次的育儿智慧。他们愿意与孩子共同成长、共同进步，用爱和智慧照亮孩子前行的道路。而最终，他们也将收获一个更加自信、独立、有爱心的孩子。因为，“示弱”，你就赢了。

05 不当“四化”家长

在多年的家庭教育生涯中，通过家长课堂、家庭咨询、课后辅导各个场景，我发现了家庭教育中存在的隐形问题——有些家长的教育存在碎片化、随机化、情绪化和功利化。

家长在教养孩子的过程中，可能会不自觉地落入了陷阱之中，用错误的方式引导孩子，日积月累就会阻碍他们的成长。“碎片化、随机化、情绪化、功利化”就是其中的典型陷阱，我们简单称为“四化”。下面一起来探讨“四化”如何潜在地影响孩子。

碎片化：碎碎念的魔咒

碎片化，即家长在教育孩子时，常常陷入无休止的碎碎念之中。这种教育方式，如同魔咒一般，不断侵蚀着孩子。孩子成长需要专注与深度思考，而碎碎念则打断了这一进程，使孩子无法集中注意力，思维变得跳跃而混乱。长此以往，孩子的思考能力、记忆力与创造力都可能受到严重损害。

随机化：无序的教育谜题

随机化，意味着家长在教育孩子时没有明确的规划与章法。他们可能随时随地、随心所欲地对孩子进行说教，这种无序的教育方式让孩子感到迷茫与困惑。大脑需要有序的信息输入与处理来形成稳定的认知结构，而随机化的教育则破坏了这一过程，导致孩子的认知发展受阻。

情绪化：情感的暴风雨

情绪化，是家长在教育孩子时无法觉察与控制自己的情绪。他们可能在不自知的情况下，用愤怒、焦虑、傲慢等负面情绪伤害孩子。大脑的情感中枢对情绪信息极为敏感，长期的情感伤害会让孩子的大脑处于应激状态，损害其认知与情感发展，甚至可能导致心理问题的出现。

功利化：成绩的囚笼

功利化，即家长将孩子的成绩视为唯一标准，成绩好了就喜笑颜开，成绩不好了就狂风暴雨。这种教育方式将孩子囚禁在了一个狭小的空间里，让他们只关注眼前的分数，而忽视了更广阔的世界与多元的发展可能。

走出“四化”的迷雾，需要家长们的觉醒与努力。不要把认认真真的爱变成认认真真的伤害，好好倾听孩子内心的声音，关注孩子的内心需求，有话好好说，用心、用爱、用智为孩子们创造一个充满爱的成长环境，真诚、真实、真正的助力孩子成人成才，让他们在快乐与探索中绽放自己的光芒。

后记　孩子，我永远爱你

——平台妈妈团原创

亲爱的宝贝，当听到你第一声啼哭，虚弱的我，被幸福淹没，我轻轻地抱着你，捧起你小小的脸蛋，贴在胸膛久久地吻过，就在那瞬间，我感觉拥有了全世界。

亲爱的宝贝，当你咿呀学语，第一次学会叫妈妈，我几乎是抱着你，奔走相告，恨不得让全世界的人都能听到。

亲爱的宝贝，你的每一声哭泣，都牵动着我的心，你的每一个微笑，都让我骄傲，你的每一个小小进步，都让妈妈感动到哭泣。

从你降临世界的那一刻起，我就暗暗许诺：要给你全世界最好的爱！

从你降临世界的那一刻起，我就暗暗许诺：要把我的所有，都毫无保留地给你！

从你降临世界的那一刻起，我就暗暗许诺：要为你打造一个毫无风险的幸福人生！

然而，渐渐地，我发现我并不懂你，甚至不知道如何爱你！

曾经，我单纯地以为：加班出差，努力赚钱，为孩子营造幸福的生活就是爱；对学习，高标准、严要求，考不好严厉批评就是爱！周一到周日，全年无休，各种兴趣班安排好就是爱。我时常感动了自己并坚定地认为：孩子，我是为了你的将来啊！

然而，渐渐地，我发现我并不懂你，甚至不知道如何爱你！

我用各种在职场成功的方法来打造你，我用各种我以为优秀的方式在教育着你。你感动落泪时，我会以为男孩子怎么能哭呢？太不坚强了！你学习时，我会以为学习一定要刻苦。我以为我的职场格言也一定适合孩子。

所以，我为孩子写下了“学习很苦，坚持很酷”的提示语。我以为，我以为，都是我以为……

然而，渐渐地，我发现我并不懂你，甚至不知道如何爱你！

过去我费尽心力，筋疲力尽，“你怎么又迟到啦？你怎么又说话不算话？你怎么又偷懒啦？”

“不要粗心！不要上课开小差！不要玩游戏！”不要、不要、不要！各种不要！

我开始问自己：“我明明认认真真地爱，为什么却在认认真真地错？”

幸好，我们相信远处一定有光。

幸好，我们自信可以找到幸福的方向。

幸好，我们一直在寻找的路上！

感恩遇见，感恩刘老师。

心智的力量为我打开了新世界的窗：原来“看懂孩子”如此重要。

真正的爱从来不是“好成绩的交换”，而是接纳、陪伴。

我看到了别人家孩子的好，更懂得欣赏自己宝贝的卓越。

带着我的需求走向了孩子的需求，如今亲子沟通温馨又融洽。

每个孩子都是一颗星星，在浩瀚的宇宙闪耀。

每个孩子都是一个太阳，不慌不忙，光芒万丈。

每个孩子都是一粒种子，因材施教，沐浴阳光。

亲爱的宝贝，谢谢你给我机会，成为你的妈妈，这是我此生最骄傲的事业！

亲爱的宝贝，因为如此优秀的你，妈妈才要更努力，和你一起闪闪发光！

亲爱的宝贝，谢谢你，让我成为更好的妈妈，也陪伴你成为更好的自己！

亲爱的宝贝，妈妈爱你！

亲爱的宝贝，妈妈爱你！

亲爱的宝贝，妈妈爱你！